DU MÊME AUTEUR :

PREMIÈRES POÉSIES
ISIS
ELEN
MORGANE
LA RÉVOLTE
LE NOUVEAU MONDE
CONTES CRUELS

L'ÈVE FUTURE
AKËDYSSÉRIL
L'AMOUR SUPRÊME
TRIBULAT BONHOMET
HISTOIRES INSOLITES
NOUVEAUX CONTES CRUELS

Sous presse :

CHEZ LES PASSANTS

Tous droits réservés
Cet ouvrage a été déposé au Ministère de l'Intérieur
en décembre 1889.

AXËL

IL A ÉTÉ TIRÉ DE CET OUVRAGE :

Vingt exemplaires numérotés

SUR PAPIER DE HOLLANDE

COMTE DE VILLIERS DE L'ISLE-ADAM

AXËL

PARIS

MAISON QUANTIN

COMPAGNIE GÉNÉRALE D'IMPRESSION ET D'ÉDITION

7, rue Saint-Benoît

1890

AXËL

PERSONNAGES

Axël d'Auërsperg.
L'Archidiacre.
Maître Janus.
Le commandeur Kaspar d'Auërsperg.
Ukko, page d'Axël d'Auërsperg.
Herr Zacharias.
Gotthold.
Hartwig.
Miklaus.
Le Desservant de l'office des morts.
Ève Sara Emmanuèle de Maupers.
L'Abbesse.
Sœur Aloyse.
Sœur Laudation, tourière.
Sœur Calixte, économe.
Religieuses du cloître de Sainte-Apollodora.
Chœur des vieux Serviteurs-militaires d'Auërsperg
Chœur des Bûcherons.

L'action se passe en ce siècle, vers l'an 1828.

La première partie, en un monastère de Religieuses-trinitaires, le cloître de Sainte-Apollodora, situé sur les confins du littoral de l'ancienne Flandre française.

Les trois autres parties, dans l'est de l'Allemagne septentrionale, en un très vieux château fort, le burg des margraves d'Auërsperg, isolé au milieu du Schwartzwald.

PREMIÈRE PARTIE

LE MONDE RELIGIEUX

> Cœurs tendres, approchez : ici l'on aime encore
> Mais l'amour, épuré, s'allume sur l'autel :
> Tout ce qu'il a d'humain à ce feu s'évapore,
> Tout ce qui reste est immortel.
> LAMARTINE.

AXËL

PREMIÈRE PARTIE

LE MONDE RELIGIEUX

§ 1. ...et forcez-les d'entrer!

Le chœur claustral dans la chapelle d'une vieille abbaye.

Au fond, grande fenêtre à vitrail. — A gauche, les quatre rangs des stalles. Elles s'élèvent insensiblement, en hémicycle, contre la haute grille circulaire fermée et voilée de draperies. Au fond, près de la grille, porte basse, aux degrés de pierre, communiquant au cloître.

A droite, faisant face aux stalles, les sept marches et le parvis du maître-autel invisible. — Le tapis se prolonge jusqu'au milieu du chœur, au bord des dalles tumulaires. Sur la deuxième marche, clochette et encensoirs d'or. Plus haut, corbeilles de fleurs. La lampe du sanctuaire éclaire seule l'édifice, entre les grands piliers, chargés d'*ex-voto,* qui supportent l'abside principale : là, s'élève, sur des ailes, la chaire de marbre blanc.

Une forme humaine, long voilé et les pieds nus sur des sandales, se tient debout sous la lampe. — Entrent, au fond, l'Abbesse et l'Archidiacre en habits sacerdotaux.

Le prêtre s'agenouille devant l'autel et demeure en prière : l'Abbesse s'approche de l'être voilé dont elle découvre la tête, brusquement.

Un visage d'une beauté mystérieuse apparaît ; c'est une femme. Elle est immobile, les bras croisés, les paupières baissées. L'Abbesse la regarde pendant quelques instants, en silence.

SCÈNE PREMIÈRE

SARA, L'ABBESSE, L'ARCHIDIACRE,
puis sœur ALOYSE.

L'Abbesse

Sara ! le minuit de Noël va sonner, remplissant nos âmes d'allégresse ! L'autel va s'illuminer, tout à l'heure, comme une arche d'alliance ! nos prières vont s'envoler sur l'aile des cantiques ! Avant que cette heure passe dans les cieux, il importe que je vous notifie la résolution sacrée que j'ai prise touchant votre avenir.

Souvenez-vous, Sara. Votre père et votre mère, aux approches de la mort, me mandèrent en leur manoir pour vous confier à moi. Depuis sept ans vous vivez en ce cloître, libre comme une enfant dans un jardin. Cependant, les jeux des enfants vous furent toujours étrangers et je ne vous ai jamais vue sourire. Que peut signifier une nature aussi studieuse et aussi solitaire? — Est-ce de relire sans cesse tous nos vieux livres qui vous humiliera l'esprit?

Écoutez, Sara, vous êtes une âme obscure. Sur votre visage toujours pâle brille le reflet d'on ne sait quel orgueil ancien. Il sommeille en vous... — oh! les harmonies que vous tirez de l'orgue vous ont trahie!... Elles sont tellement sombres que j'ai dû prier sœur Aloyse de le tenir à votre place. — Malgré la réserve et la simplicité de vos rares paroles et de tous vos actes, je vous ai méditée longtemps et attentivement. Je sens que je ne vous connais pas. Vous vous soumettez avec une sorte d'indifférence taciturne aux pratiques de notre obédience. — Prenez garde à l'endurcissement du cœur!

Ma fille, vous êtes une lampe dans un tombeau : je veux vous raviver pour l'Espérance. Vanité que la vie sans la prière! La vingt-troisième année de vos jours s'est accomplie; ce qu'il faut, pour vous secourir, c'est l'onction, — c'est l'onction! et que vous soyez toute à Dieu, qui pacifie les cœurs inquiets. Certes, selon les hommes, je devrais admettre que vous êtes libre de nous quitter; mais, selon Dieu, moi, qui ai charge de votre âme, puis-je vous laisser rentrer dans le monde, seule, riche et aussi belle, au milieu de ces tentations (dont je n'ignore pas les séduisantes violences, non plus que le désenchantement mortel)? — Ai-je le droit, alors que vous m'avez été confiée, de ne pas agir, en cette circonstance, pour le mieux de votre bonheur réel, incapable que vous êtes de le discerner? — L'expérience des voluptés conduit au désespoir : plus tard, malgré votre volonté, vous seriez sans force pour revenir; je dois le prévoir pour vous. Quoi! le vertige vous guette au bord du gouffre et je n'aurais pas le droit de vous préserver de son attirance! Mon abstention serait une faiblesse proditoire dont vous sauriez me demander compte au dernier jour. — Ne point vous retenir quand vous voulez plonger dans les ténèbres! sans directeur, ni famille! et avec l'esprit ardent que je devine sous vos paupières baissées? Non! non. Vous ne sauriez vous conduire, là-bas, selon Dieu. — Je vais donc vous offrir à Lui ce soir même. Oui cette nuit.

Un silence.

Ma fille, lorsqu'il y a trois mois je vous fis des ouvertures à ce sujet, j'essuyai, de votre part, un refus. J'eus recours à l'*in-pace*, aux privations sévères, aux mortifications... Et pendant que vous subissiez, résignée d'ailleurs, votre pénitence, je faisais prier pour vous et j'intercédais moi-même avec ferveur, offrant mes larmes à Celui qui est tout pardon.

Ne me forcez donc plus à recourir à des rigueurs pour vous faire rentrer en vous-même et vous pousser, pour ainsi dire, vers le Ciel. Aujourd'hui, en ce beau soir de fête, je vous ai tirée de votre cachot; j'ai choisi cette nuit bienheureuse pour vous consacrer au Seigneur, au milieu des fleurs, des lumières et de l'encens. Vous serez la fiancée amère de ce soir nuptial.

Ainsi la grâce descendra sur vous; l'oubli vous rendra l'esprit moins inquiet; vous sentirez bientôt le poids de l'amour divin; et, un jour (il n'est pas loin, peut-être!) tressaillant au souvenir de cette heure sainte, vous m'embrasserez, les joues baignées de pleurs d'extase et de joie. — Et ce sera le touchant, l'édifiant spectacle, réservé aux vierges qui demeurent à l'ombre de cet autel. Et vous comprendrez, alors, ce que j'ai osé faire, ce que j'ai pris sur moi d'accomplir. — Allons, soyez en paix. *Elle se détourne.*

— Sœur Laudation, allumez les cierges.

L'autel s'illumine peu à peu durant la fin de la scène.

Maintenant, ma sœur et ma fille, je vous l'ai dit : — vous êtes une riche de ce monde. Ici l'on entre en se dépouillant de tout orgueil et de toute richesse. Nous sommes pauvres ; mais ce que nous avons, nous le donnons, la pauvreté ne s'ennoblissant que par la charité. On vous a légué châteaux, palais, forêts et plaines. Voici le parchemin dans lequel vous faites abandon de tous vos biens à la communauté. Voici une plume. Signez.

Sara décroise les bras, prend la plume et signe impassiblement.

Bien. C'est cela même.

Elle regarde Sara qui est rentrée dans son immobilité.

Merci. A elle-même en se dirigeant vers l'Archidiacre : Que Dieu me voie — et me juge !

Arrivée auprès du vieux prêtre, elle lui touche l'épaule et, inclinée, chuchote quelques paroles.

L'ARCHIDIACRE, se levant et à voix basse

Le jeûne, le cachot et le silence font de la lumière en ces âmes orgueilleuses : il fallait cela !

il faut cela. Haut, s'approchant de Sara : Sara, sœur Emmanuèle en Dieu! les quelques doutes se sont dissipés qui nous faisaient appréhender autour de vous la présence du malin esprit. Bien est-il vrai qu'en un tel jour nous eussions écarté de nos pensées, à votre sujet, toute supposition inquiète : mais l'aumône que Dieu vous a donné de pouvoir nous faire achève de vous purifier, à nos yeux, de tout soupçon de tiédeur. Elle militera pour vous dans les abandonnements et dans les dérélictions. Je vais vous recevoir dans un instant parmi celles qui, dorénavant, sont vos sœurs. Dès longtemps vous fûtes considérée par elles, et par nous, comme une appelée et comme une élue. Votre noviciat est fini.

L'Abbesse

Ma fille, nous allons vous revêtir de la robe nuptiale et ceindre ce front de la couronne des vierges sacrées, en symbole des noces futures. Puis, vous viendrez ici, à cette place, au milieu des cantiques. Là, vous vous étendrez, en signe de mort : et sur vous sera jeté le drap de nos trépassées. Sous cette dalle, repose la Bienheureuse qui fonda ce monastère, et que vous prierez particulièrement avant l'offertoire. Une fois les vœux prononcés, votre chevelure mondaine tombera sous le ciseau de notre règle. Puis, on vous revêtira du saint habit que vous garderez, jusqu'à la fin de vos jours d'épreuve, ici-bas.

Une jeune religieuse, une enfant, d'une figure charmante, en vêtements blancs et bleus, apparaît derrière l'autel. Elle semble un peu pâlie. Elle regarde Sara.

Moi, je partirai bientôt pour mon éternité; vous hériterez de ma crosse d'ivoire et vous ferez, à votre tour... ce que je fais. *Se détournant :* Venez, sœur Aloyse !

La religieuse s'approche.

SCÈNE II

LES MÊMES, sœur ALOYSE.

L'ABBESSE, continuant

Sœur Aloyse, voici la compagne, la sœur préférée que vous aimez avec tendresse et qui est notre fille chérie. Votre voix lui sera plus douce que la mienne et je compte sur vos bonnes paroles pour dissiper les tentations qui pourraient s'élever en son cœur à cette heure suprême. *Un silence.*

— Vous l'aimez beaucoup, n'est-ce pas ?

SŒUR ALOYSE, grave

Oui, ma mère.

L'ABBESSE

Je la confie à votre dilection. Vous veillerez et prierez avec elle, dans l'oratoire, jusqu'à l'avant-quart de minuit.

L'Abbesse remonte vers le soubassement de la chaire où se tient l'Archidiacre. Le prêtre parcourt, maintenant, des parchemins et des papiers, auprès d'une lampe que vient de poser, sur l'un des bras d'une stalle, sœur Laudation.

SŒUR ALOYSE, à part, s'approchant de Sara

Mon Dieu ! Joignant les mains sur l'épaule de Sara, et d'une voix très basse, presque indistincte : Sara, souviens-toi de nos roses, dans l'allée des sépultures ! Tu m'es apparue comme une sœur inespérée. Après Dieu, c'est toi. Si tu veux que je meure, je mourrai. Rappelle-toi mon front appuyé sur tes mains pâles, le soir, au tomber du soleil. Je suis inconsolable de t'avoir vue. Hélas ! tu es la bien-aimée !... J'ai la mélancolie de toi. Je n'ai de force que vers toi. Un silence. Cède ; deviens comme nous, sous un voile ! Partage l'épreuve d'un instant. Tu sais bien que nous ne pouvons pas vivre ! — Si vite nous serions ensemble, au même

Ciel, avec une seule âme!... Sara, vois le ciel étoilé au fond de mes yeux : — là, s'éloignent des cieux toujours étoilés! — Laisse-toi venir! Je veux te parer moi-même comme une fiancée divine, une épouse ineffable, un être céleste. La douleur m'a rendue charmante et tu ne me repousseras plus avec tristesse, si tu me regardes. Quelles paroles trouver pour te fléchir? Sara, Sara!

Taciturne, Sara décroise les bras : son front s'incline sur celui de la novice. Celle-ci lui prend la main. Toutes deux traversent le sanctuaire.

D'une voix oppressée, plus basse encore et soudaine : Oh! n'appuie pas ton front!... mes genoux chancellent!

Sara s'est redressée et, soutenant, d'une main, sœur Aloyse devenue blanche comme son voile, toutes deux sortent, lentement, par l'abside latérale.

L'Abbesse, debout, adossée à un pilier, pensive et les suivant des yeux

C'en est fait! l'enfant éprouve déjà les ravissements et les enivrances de l'Enfer! Séduction des anges de ténèbres! L'excessive, la dangereuse beauté de Sara trouble et inquiète de son scandale ce cœur élu. Réfléchissant : Sœur Aloyse lui coupera les cheveux cette nuit; elle restera sans voile, et ainsi dénudée, jusqu'à l'Épiphanie.

L'ARCHIDIACRE, venant vers elle

Ma sœur, voici les titres patrimoniaux de Sara de Maupers et les actes qui la concernent; ils vont devenir la propriété du couvent; les richesses qu'ils représentent suppléeront à la modicité de notre mense; recevez-les; vous les enverrez demain à l'économat.

SCÈNE III

L'ABBESSE, L'ARCHIDIACRE,
puis sœur LAUDATION.

L'ABBESSE, prenant les parchemins, indifféremment

Je vous rends grâces, mon père.

Au moment de les rouler et de les lier ensemble, son regard devient plus attentif:

Ces armoiries!... Je les ai vues, déjà? — L'écusson oriental, que supportent ces insolites sphinx d'or... Et ce cimier ducal...

Elle se penche, près de la lampe, sur les titres:

D'azur, — à la Tête-de-Mort ailée, d'argent;

*sur un septénaire d'étoiles de même, en abyme;
avec la devise courant sur les lettres du nom :*

MACTE ANIMO! ULTIMA PERFULGET SOLA.

Paroles prophétiques, si Dieu le permet : Sara n'est-elle pas la dernière fille des princes de Maupers?... — Mais... ces pierreries, ou gemmes, d'émaux divers, encerclant, au chef, la *Tête-de-Mort,* sont illisibles, en héraldique : et je ne puis comprendre...

L'ARCHIDIACRE, se rapprochant

Vous voulez déchiffrer le blason plus qu'étrange, en effet, mais sept fois séculaire, de cette maison? J'en parcourais précisément la légende tout à l'heure. Ceci est bien l'écusson de Maupers, — qui le partage, même, de la façon la plus surprenante, avec certaine branche allemande d'une haute maison austro-hongroise, les comtes d'Auërsperg, — une souche illustre, aux rameaux nombreux !

L'ABBESSE, après un mouvement

Auërsperg!... Et... rien, dans cette histoire, ne peut devenir important au sujet du patrimoine de Sara?

L'ARCHIDIACRE, souriant

Point ne le suppose : il s'agit simplement d'un

récit de chevalerie et de croisades où le merveilleux l'emporte sur le réel. Voici : les chefs de ces deux familles furent, en même temps, paraît-il, ambassadeurs, l'un de France, l'autre d'Allemagne, près d'un soudan (le soudan El Kalab, dit la chronique de l'époque). — Or, un « mage », qui assistait le conseil secret du prince égyptien, sut convaincre les deux chevaliers de substituer ces mystérieux sphinx d'or aux deux lions qui supportaient leur écusson commun. La devise d'Auërsperg est plus incompréhensible :

A<small>LTI</small>U<small>S</small> <small>R</small>E<small>SUR</small>G<small>E</small>R<small>E</small> SPER<small>O</small> G<small>EMMATUS</small>!

Laissons là ces traditions vaines. — La récipiendaire doit s'apprêter pour la prise du voile, n'est-ce pas? Vous l'avez bien mise au fait du rituel de notre liturgie, pour sa consécration?

L'A<small>BBESSE</small>, <small>soucieuse, l'interrompant</small>

Mademoiselle de Maupers se prépare pour la cérémonie, oui, mon père. <small>Un silence; puis, comme cédant, tout à coup, à une obsession intérieure :</small> Avant l'office divin, laissez-moi réclamer vos lumières sur un ensemble de circonstances spéciales dont le souvenir vient encore de me préoccuper l'esprit. — Ces circonstances m'ont suggéré une supposition... d'un ordre tellement extraordinaire... que j'hésite à prendre ici, de mon chef, le pressentiment pour la certitude : j'ai besoin de votre avis. Il s'agit de Sara. — Mon père, cette jeune fille, haute et blanche comme un cierge pascal, nous est un cœur fermé qui sait beaucoup de choses.

L'Archidiacre

Je me méfie aussi de la brebis rétive. Toutefois, je pense qu'à la longue le régime conventuel réduira, — nous ramènera, veux-je dire, — cette sauvage enfant; oui, j'espère qu'avec la grâce et la direction vers Dieu, tout ira bien. — Voyons, sa conduite est-elle essentiellement délictueuse?

L'Abbesse

Elle est trop froidement exemplaire. Je l'ai souvent punie, pour éprouver sa constance. Elle a tout accepté; mais, je vous le dis, mon père, sa soumission n'est qu'extérieure. Le châtiment s'émousse sur elle et la corrobore en son orgueil. S'interrompant, comme à elle-même : Cette fille est comme l'acier, qui se plie jusqu'à son centre, puis se détend ou se brise ; elle a (s'il est permis d'oser une telle expression) l'âme des épées. Et, plus d'une fois, sa vue m'a troublée, moi-même, d'une sorte d'angoisse occulte.

L'ARCHIDIACRE

A-t-elle jamais tenté de s'enfuir du prieuré?

L'ABBESSE, secouant la tête

Elle se sent observée nuit et jour avec vigilance ; une tentative d'évasion l'exposerait à une réclusion plus sévère.

L'ARCHIDIACRE, la regardant, et après un moment

Il faut aussi prendre garde, en ces sortes de jugements, de parler soi-même sous l'empire du Diable! — Il sera bon d'informer, à titre prémonitoire, sœur Emmanuèle, des mesures dont elle est l'objet, voilà tout.

L'ABBESSE, avec un sourire vague et froid

Sous l'empire du Démon?... Eh bien! mon père, jugez vous-même : voici les faits, dans leur succession précise. Je les trouve... sombres.

Elle s'assoit, s'accoude à une stalle, médite quelques moments; puis, lentement, et levant les yeux sur l'Archidiacre, qui se tient debout en face d'elle :

Vous le savez, une secte très ancienne des Rose-Croix, il y a trois siècles, occupa, durant une guerre, cette abbaye. Ils ont laissé, là-haut, divers ouvrages touchant, disent-ils, les dialectes tyriens, les idiomes oubliés que l'on parlait à Ghéser ou à Tadmor, — que sais-je?... Nous avons conservé ces documents à titre de curiosités. — Tout d'abord, n'est-il pas merveilleux que j'aie souvent surpris Sara plongée dans une étude patiente de ces ouvrages? — Ah! je vous prie, remarquez bien ce point, qui pourra devenir intéressant tout à l'heure.

L'ARCHIDIACRE, souriant d'abord, puis s'assombrissant

Le fait est qu'elle eût mieux agi en méditant ses *Laudes*. Ensuite, ces livres sont loin d'être sapientiaux... Il faut les anéantir, dès demain, par l'incinération... Les Rose-Croix avaient coutume, pour échapper au bûcher, de dissimuler, sous des prières apparentes, d'abominables formules...

L'ABBESSE

Ces livres sont, à présent, — mais bien tard! — dans ma cellule. — Or, il y a trois ans, un matin d'hiver, — c'était la veille de la Chandeleur, je m'en souviens, — je descendis d'assez bonne heure dans la bibliothèque; j'y trouvai cette étonnante jeune fille. Elle y avait passé la nuit, toute seule, et malgré le froid rigoureux. Elle ne me vit pas entrer; elle ne me vit pas l'observer!... Elle achevait de brûler à sa lampe le premier feuillet d'un poudreux missel, la première feuille de parchemin de ce gothique livre d'Heures, à fermoirs d'émail, qui nous fut envoyé d'Allemagne, autrefois, par un correspondant de Sa Grandeur le patriarche Pol, notre pieux évêque.

L'Archidiacre

Oui... je me souviens... par un médecin de Hongrie, que le patriarche lui-même ne connaissait pas et n'avait jamais vu : — le docteur... Janus.

Les Sept-flammes, autour de la lampe du sanctuaire, jettent une lueur très vive, puis s'éteignent, toutes à la fois.

L'Abbesse, appelant

Sœur Laudation!... Vite! — La lampe! la lampe!... D'où cela peut-il provenir? — Vous ferez la coulpe, au réfectoire!

Sœur Laudation accourt en joignant les mains.

Sœur Laudation, troublée,
avec une sorte d'égarement

Ma mère, j'ai oublié de la remplir, ce soir! C'est vrai! Et ceci ne m'est jamais arrivé depuis que j'ai les clefs à ma ceinture.

Elle rallume la lampe, silencieusement; puis se retire derrière l'autel.

L'ARCHIDIACRE

Vous disiez donc, ma sœur, que Sara détruisait ce parchemin?

SCÈNE IV

L'ARCHIDIACRE, L'ABBESSE, seuls.

L'ABBESSE

Mon père, vous rappelez-vous quelque peu le feuillet dont je vous parle? il était couvert de caractères d'une forme surprenante, auxquels nous n'accordâmes que peu d'attention, ne pouvant les traduire.

L'ARCHIDIACRE

En effet : une invocation pieuse, sans doute?

L'ABBESSE, de plus en plus pensive

Ces caractères ressemblaient, très étrangement, à ceux dont la signification est donnée dans les livres des Rose-Croix! — Le parchemin était surajouté, dans le missel, et timbré du sceau de ces armoiries.

Elle montre les titres.

L'ARCHIDIACRE, après un moment

Je ne distingue pas encore bien votre pensée. Continuez, ma sœur. Comment cette action insignifiante... et même louable, dans une certaine mesure ?...

L'ABBESSE, les yeux fixes et comme se parlant à elle-même

Les traits de Sara brillaient, en ce moment, d'une expression de joie mystérieuse ! d'une joie profonde et terrible. Non, ce qu'elle venait de lire n'était pas une prière !... Son aspect avait quelque chose de solennellement inconnu, d'inoubliable. — Je l'interrogeai, les yeux sur les siens, à l'improviste. — Le regard qu'elle leva lentement sur moi fut si atone, qu'il me causa l'impression d'un danger. Elle me répondit, après un silence et une grande pâleur, qu'elle venait d'anéantir, simplement, un vain souvenir d'orgueil... ses propres armoiries, reconnues sur cette page. — Ferveur suspecte ! — Je relus la lettre du patriarche pour m'assurer de la vérité. Le livre provenait, en effet, de la défunte châtelaine d'Auërsperg, — et ceci semblerait expliquer, aujourd'hui, les paroles de Sara... Cependant, mon père, j'ai gardé, je l'avoue, de cet instant qui a duré un éclair, oui, j'ai gardé certaine pensée... oh ! une pensée confuse, superstitieuse peut-être, — mais dont je ne puis me défendre!... Le soupçon que j'ai sur Sara peut, seul, nous conduire à la clef de cette nature impénétrable, grave et glaçante qui nous apparaît en elle. Ne l'avez-vous pas vue souvent, comme moi, marcher sous les arceaux du cloître, concentrée et comme perdue dans on ne sait quel rêve taciturne?

L'ARCHIDIACRE, la regardant avec attention

Vous pensez que cette jeune fille?...

L'ABBESSE, devenue très assombrie

Oui, c'est mon intime conviction, je pense que Sara de Maupers a déchiffré quelque avis ténébreux; quelque étrange renseignement, — une suggestion .. souveraine! un important secret, oui, mon père! oui, vous dis-je, un secret considérable, sans doute! — enseveli dans ce feuillet détruit.

L'ARCHIDIACRE, après un moment

Dites-moi, les portes publiques seront bien fermées ce soir, n'est-ce pas?

L'ABBESSE

Les barres de fer du portail de l'église sont fixées. La nef restera déserte. Les marins et les gens du hameau entendront à la ville la messe de minuit.

L'Archidiacre

Bien. Une fois les vœux prononcés, il faudra qu'on exerce une surveillance extrême sur elle.

L'Abbesse, à demi-voix

Mais, enfin !.. je croyais et devais croire que cette âme ne vous était pas aussi inconnue ! Elle ne s'accuse donc pas, celle-ci, lorsqu'en votre tribunal et à genoux...

L'Archidiacre, l'interrompant

Ici, je ne puis répondre : parlons de ce que nous savons. Les vœux donnent des grâces spéciales, et nous voyons qu'elle en a grand besoin. J'ai bien peur, il est vrai, que les macérations ne lui soient, en quelque sorte, une nécessité...

L'Abbesse, calme

Certes, il faut la sauver ! d'elle-même ! Et, si elle a dans le cœur quelque ivraie infernale, la lui déraciner pour son salut ! — Et tenez, mon père, voyez jusqu'où va la séductive puissance de cette jeune fille ! J'avais prié la plus jeune de nos converses, sœur Aloyse, qui est un cœur simple et une âme d'ange, de rechercher sa compagnie. — J'espérais surprendre ainsi, tôt ou tard, quelques paroles échappées... touchant l'inquiétante arrière-pensée de Sara. — Qu'est-il arrivé? une chose inattendue, invraisemblable. — Le visage, l'extraordinaire beauté de mademoiselle de Maupers ont fasciné très profondément sœur Aloyse : elle en est devenue silencieuse et comme éblouie.

L'Archidiacre, après un tressaillement

Prenez garde! — Ceci tient des envoûtements anciens! Les immondes fièvres de la Terre et du Sang dégagent de mornes fumées qui épaississent l'air de l'âme et cachent absolument, tout à coup, la face de Dieu. — Le jeûne, la prière, sont quelquefois impuissants!... C'est une chose dangereuse, une chose dangereuse! Frissonnant : — Horreur!

L'Abbesse, d'un ton glacé

Mon père, j'ai conjuré d'autres périls. Pendant que cette nuit vous célébrerez sur Sara l'office des Morts, sa caution, à l'Interrogatoire, sera précisément sœur Aloyse : je l'ai choisie pour la Pénitente-interprète. — Quant à votre homélie, vous pourrez parler à Sara, mon père, comme s'il vous fallait frapper le cœur et l'esprit d'une sorte d'incrédule... indéfinissable ! — l'esprit surtout ! Le sien, je le crois des plus abstraits, des plus profonds !... Mon troupeau d'âmes blanches ne vous comprendra pas : le scandale n'est donc pas à craindre. — Elle seule vous suivra, j'en suis sûre, aisément, dans ces abîmes de l'examen mental, qui ne lui sont que trop familiers.

L'Archidiacre, très surpris et avec un demi-sourire

Comment ! Que dites-vous là ? — Rêvons-nous ?

L'Abbesse

Ah ! si j'osais révéler... toute ma pensée ! Si j'ajoutais que son très étendu savoir, maintes fois transparu en ses précises et brèves réponses, m'a donné, trop tard, à entendre, — alors que je pensais l'avoir laissée jouer à lire, — que son entendement extraordinaire avait saisi, sans secours, jusqu'aux arcanes de toute cette érudition — cachée, là-haut, en des milliers d'ouvrages si divers !

L'Archidiacre, devenu pensif

Ténébreuse orpheline, en effet, que tant de livres devaient tenter et séduire !

L'Abbesse

Prenez au sérieux ce que je dis : je la crois douée du don terrible, l'Intelligence.

L'ARCHIDIACRE, grave

Alors, qu'elle tremble, si elle ne devient pas une sainte! La rêverie a perdu tant d'âmes! — Surtout en une femme, ce don devient plus souvent une torche qu'un flambeau... Allons, qu'elle ne lise plus, jusqu'à ce que sa foi, bien raffermie, lui éclaire le néant des pages humaines. Vous eussiez dû m'expliquer plus tôt cette particularité. Je dois donc me résigner, ce soir, je le vois, à faire de l'éloquence, en mon prône d'exhortation. Les jeunes esprits assombris par de précoces méditations sont sensibles aux oripeaux des langages mortels. — L'éloquence! Comme si elle n'était pas sous les pieds de ceux-là qui peuvent dire Notre Père! Et comme si, par exemple, l'éblouissant mot de saint Paul: *Omnis christianus Christus est*, avait besoin d'ornements ou de vaine glose, alors qu'il exprime Dieu! — Hélas! je comprends le bon Chrysostome et ses larmes de pitié, de honte sans doute, en voyant ses fidèles, au lieu de se pénétrer du sens substantiel que proféraient ses paroles, en admirer plutôt, comme au théâtre, l'harmonie physique, l'écorce brillante, la sensuelle beauté, la phraséologie! Comme il demandait, alors, pardon à Dieu, pour eux et pour lui, de ce dérisoire scandale! Misère! De bons coups de disci-

pline, de longues et humbles prières, de bonnes
privations et de bons jeûnes, voilà ce qui donne
de la substance à notre foi, voilà ce qui vaut quelque chose, ce qui pèse dans la Mort, voilà ce qui
crée un droit et solidifie notre surnaturel. — Enfin !
s'il faut de l'éloquence pour persuader cette âme
en péril... Dédaigneusement : j'en aurai ce soir, — oui,
le cercle une fois épuisé des pédantes citations
d'une scolastique sacrée, j'oserai moi-même combattre, en rhéteur, ses indécisions peccamineuses,
— mais en n'oubliant pas cette grande parole
voyante du Psalmiste : *Quoniam non cognovi
litteraturam, introïbo in potentias Dei.*

L'Abbesse

Je devrais la croire bien disposée, cependant !
Peut-être cherche-t-elle à prier ! — Voyez, elle
vient de signer, entre mes mains, le renoncement
à ses biens terrestres.

L'Archidiacre, regardant l'acte de donation

Hô ! j'oubliais ! c'est juste. Que de pauvres à
nourrir ! par centaines ! Que de pèlerins à soulager !... Oui, peut-être qu'une grâce efficiente l'a
touchée ! peut-être sommes-nous tourmentés par
une de ces suspicions sans objet, envoyées par
les esprits du Mal, dans les circonstances solennelles, pour alarmer notre faiblesse !

L'Abbesse

Que de lits pour les malades ! Que de pain blanc et de vin cordial ! Que de bien à faire, avec cet or arraché à Mammon !

L'Archidiacre, *rêveur*

Les armes du Très méchant tourneront, ainsi, contre lui-même ! Donc, la paix soit en nous !

Tous deux s'agenouillent devant l'autel : puis, levant les bras vers les Cieux :

L'Abbesse et l'Archidiacre,
ensemble, à pleines voix

Gloire au Dieu des affligés, qui inspira le Samaritain !

Cloches. — L'autel est maintenant illuminé et ses reflets se répandent sur toute l'enceinte.

Chœur des Religieuses, *au dehors, en marche et psalmodiant*

O virgo! mater alma! fulgida Cœli porta!
Te nunc flagitant devota corda et ora,
Nostra ut pura pectora sint et corpora!

La porte claustrale s'ouvre ; les religieuses, en vêtements blancs, rayonnantes et recueillies, apparaissent et entrent dans l'hémicycle des stalles. — Un vieillard, en surplis d'acolyte, apparaît, advenu des alentours de l'autel, et vient se placer debout, au coin droit de la première marche.

SCÈNE V

L'ARCHIDIACRE, L'ABBESSE, Sœur LAUDATION, LE DESSERVANT DE L'OFFICE DES MORTS, LES RELIGIEUSES.

Orgue. Les quatre rangs des stalles sont maintenant remplis. Deux religieuses, en habits de fête, s'approchent de l'autel, prennent les encensoirs et y jettent de l'encens. D'autres, debout sur les marches et des corbeilles à la main, effeuillent des fleurs, par poignées, sur le parvis ; l'Abbesse, tenant la crosse blanche, s'est assise en sa chaise abbatiale. Elle vient de revêtir une chape étincelante. Un cantique s'élève. L'Archidiacre, revêtu de l'étole noire, s'approche : le Desservant s'agenouille. La clochette d'or résonne. C'est l'Introït.

UNE RELIGIEUSE, seule

In te, Domine, speravi : non confundar in æternum.

LE CHŒUR

Amen.

L'ARCHIDIACRE

Judica me, Deus, et discerne causam meam de gente non sanctâ !..

Après un instant, il monte les degrés vers le Tabernacle. Les préliminaires de la messe lucernaire se continuent à voix basse, en attendant minuit. Bientôt l'offertoire sonne : toutes les nonnes se lèvent.

SCÈNE VI

LES MÊMES, SARA et sœur ALOYSE.

L'orgue roule. Sara, vêtue d'une longue tunique de moire blanche, apparaît, le collier d'opales sacrées sur la poitrine. Elle appuie sa main sur l'épaule de sœur Aloyse, qui est pâle et souriante. Des fleurs d'orangers entrelacent ses grands cheveux dénoués qui tombent onduleusement, noirs et épars sur sa robe. Son visage est comme sculpté dans la pierre.
A son aspect, des fleurs sont jetées au-devant d'elle : les encensoirs s'élèvent.
Elle vient, devant l'autel, s'agenouiller sur la dalle, silencieusement : puis elle s'étend, le front sur ses bras croisés.
Sœur Aloyse laisse tomber sur elle un vaste drap blanc, chargé de taches d'or figurant de grosses larmes, et l'en recouvre entièrement.
Le cierge mystique brûle au-dessus du front de Sara, sur la première marche de l'autel.

L'ARCHIDIACRE, debout, sur le parvis,
se détournant vers l'assistance

Est-il une âme, ici, qui veuille crucifier sa vie mortelle en se liant pour jamais au divin sacrifice que je vais offrir ?

SŒUR ALOYSE, s'avançant

Ego pro defunctâ illâ ! Ego vox ejus !

Debout, près de Sara, et chantant la formule de consécration

Suscipe me, Deus ! secundum eloquium tuum, et vivam !

Le glas tinte un coup.

LE DESSERVANT DE L'OFFICE DES MORTS

Si iniquitates observaveris, Domine, Domine quis sustinebit !

LES RELIGIEUSES, passant processionnellement autour de Sara, cierges allumés à la main

Requiescat, et ei luceat perpetua Lux !

SŒUR ALOYSE, ayant jeté de l'eau bénite sur le drap mortuaire

Resurgam !

LES RELIGIEUSES, voix lointaines dans l'orgue

In excelsis.

LE CHŒUR, sur la scène

Amen.

Maintenant, le vieil Acolyte, sur le parvis même de l'autel, a revêtu l'Archidiacre des insignes sous lesquels les anciens grands Prieurs d'abbayes pouvaient recevoir les vœux pontificalement. La longue chape noire agrafée aux épaules, la mitre-mineure au front, et s'appuyant sur la pastorale crosse d'or, l'Archidiacre, sous le dais de pourpre noire brodée d'ossements d'or, que tiennent, long voilées, quatre des plus âgées Mères tutrices de l'Abbaye, descend vers Sara toujours prosternée. — L'orgue s'arrête.

L'Archidiacre

Si celle qui, déjà morte pour la terre et gisante ici, devant la face de Dieu, répudie à jamais les misérables joies que peuvent offrir la chair et le sang, qu'elle soit la bienvenue au pied de l'autel!

SŒUR ALOYSE, montrant de ses deux mains Sara

Ecce ancilla Dei.

A ce mot, et pendant le silence qui suit, sœur Laudation, sur un signe de l'Abbesse, s'approche de sœur Aloyse et lui remet les grands ciseaux d'argent. Sœur Aloyse les reçoit, et, glacée, ferme les yeux.

L'ARCHIDIACRE, s'arrêtant sur la troisième marche,
à Sara

Es-tu bien cette appelée d'en-Haut, qui veut vivre sous l'humble chasteté qui nous illumine? celle qui veut s'écrier vers le Trône avec Cœcilia : « *Fiat cor meum immaculatum ut non confundar!* » celle qui, dans peu de jours, couchée sur les belles ailes de la Mort, s'enfuira, d'une envolée très sainte, vers les esprits embrasés d'amour et de lumière, les *beata Seraphim* dont parle le pieux Aréopagite? O femme! si tu viens en oblation, volontaire holocauste, pour l'amour de Dieu, tu deviendras ton amour même réalisé, quand tu entreras dans ton éternité. Glas.

Car l'éternité, dit excellemment saint Thomas, n'est que la pleine possession de soi-même en un seul et même instant. Et : « Mon amour, c'est mon poids ! » nous dit saint Augustin. Abîme-toi donc, si tu es un cœur céleste, en Celui qui est l'amour même ! Crois et tu vivras ; la Foi, suivant l'expression de saint Paul, étant la substance même des choses qui *doivent* être espérées. Glas.

Par elle, tu renaîtras, transfigurée en ton propre cantique, l'âme étant une harmonie, comme le dit, avec inspiration, sainte Hildegarde. — *Pulcher hymnus Dei homo immortalis !* a dit aussi Lactance, le très louable et disert esprit. Ne hais qu'une chose : tout obstacle à ton retour vers Dieu ! toute limite, c'est-à-dire le Mal ! Hais-le de toutes tes forces ! Car, ainsi que le précise admirablement saint Isidore de Damiette, les élus, en se penchant du haut des Cieux pour contempler les supplices des réprouvés, ressentiront une ineffable joie au spectacle de leurs tortures, sans quoi, la fruition des œuvres divines et la collaudation de leur infinie équité — (qui est la *forme* même du Paradis) — seraient incomplètes.

Oh ! si tu ne comprends pas encore l'esprit de

nos dogmes, si ton argile en frémit, qu'il te soit permis de les approfondir, puisque Dieu t'a faite si étrangement studieuse et persévérante, comme si tu étais appelée à devenir pareille aux plus grandes saintes. — *Negligentiæ mihi videtur si non studemus quod credimus intelligere*, dit, avec un grand bonheur d'expressions, saint Anselme. Mais étudie avec humilité, et, surtout, d'un cœur toujours simple, si tu veux avancer dans la science de Dieu : — ainsi tu garderas cette dignité de l'Espérance, sans laquelle l'humilité même n'a point de valeur parfaite... et, bientôt, sans doute, une grâce t'enseignera que l'unique moyen de comprendre, c'est de prier.

Ne l'oublie pas, tu ne seras jamais un pur esprit : ton âme même, ton âme impérissable, est composée, d'abord, de *matière*, pour pouvoir jouir ou souffrir éternellement, en restant distincte de Dieu. *Materia prima*, dit l'Ange de l'École, question soixante-quinzième... Et souviens-toi que la bulle de Clément V frappe d'excommunication quiconque osera rêver le contraire ! — Et si, en dehors de l'obéissance mentale à l'Église, ton entendement se révolte — et cherche Dieu autrement, hélas ! — redis-toi, pour ton salut, cet aveu trouble d'un rhéteur païen : « Telle est la vanité, l'infirmité de la raison de l'Homme, qu'il ne saurait concevoir un Dieu *auquel il voulût ressembler !* » — Sache donc réfréner l'orgueil de ta raison dérisoire. Quelle autre preuve chercher de Dieu, que dans la prière? La Foi n'est-elle pas l'unique preuve de toute chose? Aucune autre, fournie par les sens ou la raison, ne satisferait, tu le sais d'avance, ton esprit. Dès lors, à quoi bon même chercher?.... Croire, n'est-ce pas se projeter en l'objet de sa croyance et s'y réaliser soi-même? Affirme comme tu es affirmée : va, c'est le plus sage!.. Ayant acquis, ensuite, par la prière, le sentiment de la présence de Dieu, tu t'en tiendras à cette sagesse! Tu auras atteint, d'un coup d'ailes, ton espérance. — Alors que tu n'étais pas, hier enfin, Dieu crut bien en toi, puisque te voici, toute appelée hors du Nul par la Foi créatrice! Rends-Lui donc l'écho de son appel! A toi de croire en Lui! A ton tour de Le CRÉER en toi, de tout l'*être* de ta vie! Tu es ici-bas non pour chercher des « preuves », mais pour témoigner si, par l'amour et par la foi, tu pèses le poids du salut.

Glas.

Écoute encore, pendant que la cloche des morts sonne pour toi. — Si chacun des Trois-Mystères, principes divins, n'apparaissait pas comme impossible et absurde à nos yeux d'argile et d'orgueil, quel mérite aurions-nous d'y croire? Et, s'ils étaient possibles et raisonnables, les accepterais-tu pour divins, puisque toi, poussière, tu pourrais les mesurer d'une pensée ? Si donc ils sont absurdes et impossibles, ils sont précisément ce qu'ils doivent être, et, comme l'enseigne Tertullien, c'est tout d'abord par cela qu'ils présentent la première garantie de leur vérité : leur absurdité humaine est le seul point lumineux qui les rende accessibles à notre logique d'un jour, sous condition de la Foi. Purifie donc, à jamais, ton âme de cette taie d'orgueil qui, seule, la sépare de la vue de Dieu; cesse d'être humaine, sois divine. Le monde nous traite en insensés qui s'illusionnent jusqu'à sacrifier leurs jours pour un puéril rêve, pour l'ombre d'un ciel imaginé. — Mais, quel homme, son heure venue, ne reconnaît avoir dépensé sa vie en rêves amers jamais atteints, en vanités qui le déçurent, en successives désillusions, lesquelles, même, n'eurent de réalité, sans doute, qu'en son esprit? Dès lors, de quel droit le monde le prendrait-il de si haut quand bien même il nous plairait de préférer, sciemment, le songe sublime de Dieu aux mortels mensonges de la terre?... Quoi ! nos cœurs sont réchauffés, notre sérénité se fait profonde et sans alarmes, le Ciel, deviné, nous pénètre, dès ici, d'un bienheureux amour, la prière devient, pour nous, une vision,

— l'exégèse, la clef même de l'Évidence... et les enfants du siècle, au nom de l'ennui douloureux que leur laissent les réalités mensongères des sens, osent traiter d'imaginaire notre positif bonheur ? — Arrière !   *Souriant :*

Illusion pour illusion, nous gardons *celle* de Dieu, qui donne, seule, à ses éternels éblouis, la joie, la lumière, la force et la paix. Nulle créature, nulle vitalité n'échappe à la Foi. L'homme préfère une croyance à une autre, et, pour celui qui doute, même à l'indéfini de sa pensée, le doute, qu'il admet librement en son esprit, n'est encore qu'une forme de la Foi, puisque, en principe, il est aussi mystérieux que nos mystères. Seulement, l'indécis demeure avec son irrésolution, qui devient la somme nulle de sa vie. Il croit « analyser », il creuse la fosse de son âme et retourne vers un néant qui ne peut plus s'appeler que l'Enfer, — car il est à jamais trop tard pour n'être plus. Nous sommes irrévocables.   *Glas.*

— Oui, la Foi nous enveloppe ! L'univers n'est que son symbole. Il *faut* penser. Il *faut* agir. Nous sommes contraints à cet esclavage : penser. En douter, c'est encore y obéir. Pas un acte qui ne soit créé d'une instinctive pensée ! pas une pensée qui ne soit aveugle en sa notion primordiale ! Hé bien, puisque nous ne pouvons devenir que notre pensée unie à la chair occulte de nos actes, pensons et agissons de manière à ce qu'un Dieu puisse devenir en nous! — et cela tout d'abord! si nous voulons acquérir la croyance, c'est-à-dire *mériter* de croire.

Toutes songeries contraires à l'augmentation de notre âme en Dieu, sont du *temps perdu*, que le Sauveur seul peut racheter. — Tout S'EFFORCE autour de nous! Le grain de blé, qui pourrit dans la terre et dans la nuit, voit-il donc le soleil? Non, mais il a la foi. C'est pourquoi il monte, par et à travers la mort, vers la lumière. Ainsi des germes élus, de toute chose, excepté des germes incrédules, où dorment le Doute, ses impuretés et ses scandales, et qui meurent, indifférents, tout entiers. Nous, nous sommes le blé de Dieu ; nous sentons que nous ressusciterons en Lui, — qui est, suivant la parole éclairée et magnifique d'un théologien, le lieu des esprits, comme l'espace est celui des corps.

Glas.

Croire, dans l'attente et la prière! et le cœur plein d'amour! telle est notre doctrine. Et quand bien même, par impossible, comme nous en prévient le Concile, un ange du Ciel viendrait nous en enseigner une autre, nous persisterions, fermes et inébranlables, en notre foi.Un silence.

— Maintenant, Ève-Sara-Emmanuèle, princesse de Maupers, rappelez-vous la puissance des paroles jurées devant ceux qui représentent le Seigneur, ceux à l'INJONCTION desquels le Verbe devient chair. Prononcez donc, librement, les vœux suprêmes qui engagent votre âme,

CHŒUR DES RELIGIEUSES

Ecce inviolata soror cœlestis !

L'ARCHIDIACRE, continuant et alternant avec le chœur

...votre sang, votre être, en ce monde et dans l'autre,

CHŒUR DES RELIGIEUSES

Ecce conjux !

L'ARCHIDIACRE

... votre espoir unique et infini.

CHŒUR DES RELIGIEUSES

Sacra esto !

L'ARCHIDIACRE

Sara ! ton anneau de fiancée brille sur cet autel. J'aime Dieu, cela signifie « Dieu m'aime », te dis-je !... Aime donc, et *fais ce que tu voudras, ensuite !* s'est écrié saint Augustin. — Sara, les en-

tends-tu, ces voix, déjà célestes, qui t'appellent ?...
Une parole, et je lèverai ma droite sur ton front
pour t'absoudre, — et, consacrée pour jamais à
la Lumière, tu seras liée dans les Cieux ! Alors,
devant la ressuscitée, l'office de deuil, se transfi-
gurant, soudain, en messe de gloire, aux vêtements d'or et de fête, s'achèvera dans la joie du
minuit de la Bonne Nouvelle ! Et le lis de tes
vœux sera jeté par les Anges dans la crèche de
l'Enfant.

Le glas sonne trois coups plus rapprochés, puis s'arrête.

— Mais... le vingt-troisième coup de cette
cloche, qui compte les années des morts, m'avertit
de te laisser seule avec ton âme durant le suprême
instant où tu ne dois plus songer qu'au Jugement-
irrévocable.

Ayant confié sa crosse pastorale au Desservant age-
nouillé à sa droite, il monte vers le tabernacle pour
prendre le saint-Chrême.

LE DESSERVANT DE L'OFFICE DES MORTS,
récitant, d'une voix monotone, le texte de saint Bernard pour la *Préparation au Jugement dernier :*

*Attende, homo, quid fuisti antè ortum et quod eris
usque ad occasum. Profectò fuit quod non eras. Posteà,
de vili materiâ factus, in utero matris de sanguine
menstruali nutritus, tunica tua fuit pellis secundina.
Deindè, in vilissimo panno involutus, progressus es ad
nos, — sic indutus et ornatus ! Et non memor es quæ
sit origo tua. Nihil est aliud homo quam sperma fœti-*

dum, saccus stercorum, cibus vermium. Scientia, sapientia, ratio, sine Deo Christo, sicut nubes transeunt.

    Post hominem vermis : post vermem fœtor et horror;
    Sic, in non hominem, vertitur omnis homo.

Cur carnem tuam adornas et impinguas, quam, post paucos dies, vermes devoraturi sunt in sepulchro, animam, verò, tuam non adornas, — quæ Deo et angelis ejus præsentenda est in Cœlis!

Silence.

SŒUR ALOYSE ET LES RELIGIEUSES, à l'unisson

Tuis autem fidelibus, vita mutatur, non tollitur! Et, dissolutâ terrestri domo, cœlestis domus comparatur!

Son de la clochette d'or.

Sara se découvre le visage, se soulève sous le candélabre et s'accoude sur la première marche de l'autel. Les opales du collier mystique scintillent parmi les fumées de l'encens ; une pluie de feuilles de lis parsème le tapis autour d'elle.

Elle s'est dressée, au milieu des encensoirs et des cierges, devant l'Archidiacre ; elle se tient maintenant debout, immobile, les bras croisés, les paupières baissées. Sur ses épaules brillent les pleurs d'or du drap funèbre, dont les grands plis tombent derrière elle et se prolongent sur les dalles.

§ 2. La renonciatrice

L'Archidiacre redescendant vers elle en tenant le grâl d'or

En cette nuit sublime, elle se lève aussi, pour toi, l'Étoile des rois-Mages et des bergers !

Il découvre le saint-Chrême ; les nonnes s'agenouillent.

Réponds ! acceptes-tu la Lumière, l'Espérance et la Vie ?

Sara, d'une voix grave, très distincte et très douce

Non.

L'Archidiacre, avec un frémissement, et laissant choir le vase sacré sur les marches de l'autel, où se répand l'huile sainte

Seigneur Dieu !

Il recule : sa main convulsive ressaisit le bâton d'or de sa crosse ; il s'y appuie. Les religieuses s'éloignent précipitamment, terrifiées, soufflant leurs cierges, en désordre ; les bréviaires tombent çà et là. — Bruit des stalles désertées brusquement. — Toutes les nonnes, frissonnantes et s'enveloppant de leurs grands voiles, à la hâte, entourent l'Abbesse, qui s'est levée et qui regarde la renonciatrice. Stupeur. Silence. Sœur Aloyse est tombée, comme évanouie, aux pieds de Sara. Les corbeilles de fleurs, les encensoirs encore fumants sont abandonnés autour d'elles.

SOEUR LAUDATION, à elle-même, et se signant

Je comprends, à présent! le mauvais présage de la nuit : la lampe de Dieu s'est éteinte... celles des Vierges-folles s'éteignaient aussi devant l'Époux !

L'ABBESSE, pâlissante et comme suffoquée

O nuit d'effroi !

Minuit sonne. — Cloches joyeuses, en tumulte, au lointain. Carillons.

LE CHŒUR DES RELIGIEUSES, invisible dans l'orgue, éclatant

Noël! Noël! Alleluia!
Hodiè contritum est, pede virgineo,
Caput serpentis antiqui!

L'ABBESSE, frappant les dalles de sa crosse

Cessez! cessez les chants !

LE CHŒUR, dans l'orgue, en même temps, couvrant sa voix

Noël! Alleluia! Noël!

Les religieuses, dans la tribune des orgues, n'ont pas vu l'acte qui s'est passé devant l'autel : et les chœurs, au son des cloches, exaltent la gloire de la Nativité. Puis, sans enfants! ces filles élues, — à la nouvelle d'un petit enfant roi des Anges venant de naître pour apaiser leur mystique tendresse, — que pourraient-elles entendre de la terre ?... Oh! ces douces âmes, pour toujours vierges, ne se connaissent plus!

CHŒUR, dans l'orgue, aux sons des cloches annonciatrices

Adeste, fideles!
Læti, triumphantes!
Venite in Bethleem!

L'ABBESSE, avec un grand cri, pendant que les chants continuent et au milieu des *Alleluia*

Silence !... — Oh! c'est horrible !

Le vieux Desservant s'enfuit, épouvanté, hors du sanctuaire.

LE CHŒUR, éperdu en cantiques d'allégresse, au son de l'orgue et des cloches

Natum videte, regem Angelorum;
Deum infantem, pannis involutum!
Venite, adoremus Dominum!

Sœur Laudation frappe de sa coirre avec violence : les cantiques cessent tout-à-coup; les grandes draperies de serge s'écartent, laissant voir l'église déserte, et, sous les lueurs des lampes-pensiles, entre les piliers, les chaises, les bancs, le portail fermé. Au fond, dans la tribune illuminée des orgues, les Sœurs-cantatrices, interdites, maintenant silencieuses.

L'ABBESSE, *criant, hors-d'elle-même*

Taisez-vous! Taisez-vous.

Les cloches, l'orgue et les chants ont cessé.

L'ARCHIDIACRE, *avec un effrayant soupir*

Enfin!

L'ABBESSE, *étendant sa croix, avec un geste d'horreur,
vers la porte des stalles*

Fuyez! fuyez toutes, mes filles! Retirez-vous chacune en votre cellule, et là, prosternées en oraisons ferventes, implorez la clémence de Dieu! Vous n'entendrez point la messe, cette nuit. — Sœur Calixte, qu'avons-nous dans le trésor?

SŒUR CALIXTE, *balbutiant, après un silence*

Trois cent vingt-trois pièces d'or, douze écus, plus douze sols de la quête d'aujourd'hui.

L'ABBESSE

Vous distribuerez tout cela demain aux pauvres.

La porte des cloîtres s'ouvre : les nonnes s'enfuient et disparaissent comme des ombres.

Les sœurs de la maîtrise ont déjà quitté leurs bancs étagés autour des orgues : — à présent, deux ou trois formes noires, des postulantes sans doute, vont et viennent dans les tribunes abandonnées : elles éteignent les cierges et ferment les antiphonaires. Bientôt, l'obscurité faite, elles se retirent aussi. Toutes, maintenant, sont descendues dans le monastère.

SCÈNE VII

SARA, L'ABBESSE, L'ARCHIDIACRE, Sœur LAUDATION, Sœur ALOYSE

L'Abbesse descend et s'approche de l'Archidiacre; puis, debout près de lui sur les degrés de l'autel, elle continue, d'une voix sourde et entrecoupée par une émotion terrible, en montrant du doigt Sara :

Mon père, ceci est l'acte d'une possédée. Il faudra purifier l'église demain avec du feu! Je vous laisse. Je me sens glacée et interdite. Le sacrilège... oh! le sacrilège est tellement grand que la Miséricorde infinie, seule, peut l'effacer. Ce que vous ordonnerez sur cette fille funeste, notre ancienne compagne, sera exécuté.

Sœur Laudation, qui est demeurée à genoux auprès d'un pilier, se redresse et, soudainement, s'approche de Sara.

SŒUR LAUDATION, *en courroux et la regardant*

Pestiférée !...

Elle va pour la frapper au visage; sa main, déjà haute,

s'arrête soudain, comme secrètement immobilisée.
Sara n'a pas même relevé les paupières, ni tressailli.

L'Abbesse

Tourière, éloignez-vous de cette infortunée et contenez vos indignations dans le saint lieu !

SŒUR LAUDATION, à elle-même, pensive
et se retirant vers la porte des cloîtres

Quel trouble subit m'a donc retenu le bras ? — Pourquoi n'ai-je pas frappé ?

L'Abbesse, très bas, à l'Archidiacre

Rappelez-vous, surtout, ce dont je vous ai prévenu tout à l'heure : sondez ce cœur sombre. — Le secret, mon père ! le secret !

Elle descend, et relève, entre ses bras, sœur Aloyse, qui revient à elle-même.

SŒUR ALOYSE, d'une voix éteinte, pendant
que l'Abbesse l'entraîne tout éperdue

Adieu, adieu, Sara !

L'Abbesse, chancelante, l'a emmenée vers la porte claustrale. Elles sortent. Sœur Laudation les suit, après un dernier et sinistre regard jeté sur Sara.
L'instant d'après, on entend le bruit de la lourde serrure qui se ferme au dehors.
Sara et l'Archidiacre sont seuls.

4

SCÈNE VIII

L'ARCHIDIACRE, SARA.

L'ARCHIDIACRE, terrible

Femme, tu as été lâche. Tu as rougi de Celui... qui rougira de toi. Tu as effrayé des âmes aussi pures que l'Étoile du matin ! Tu as bravé la divine colère, outragé le Dieu qui t'a tirée du néant et qui t'offrait son royaume. Tu t'appelles Lazare, et tu as résisté à la voix souveraine qui te criait de sortir. Tu as refusé ta place au banquet, et cela devant moi, qui ai mission de te contraindre à t'y asseoir. Car, de même que les lois inclinent ou obligent les hommes au devoir, de même Dieu, principe et fin de toute loi, de tout devoir et de toute force, peut plier et violenter — miraculeusement — les consciences et les libertés. Un silence.

Au nom de ton salut, pour lequel, sur la montagne éternellement mystérieuse, il rendit l'esprit sur l'inévitable Croix, je ne veux voir en toi qu'une victime affolée par les princes de l'Enfer. Qu'espères-tu ? L'éviction de ce monastère ? Non, insensée, tu ne sortiras pas ! — L'autorité des hommes

protégerait, aujourd'hui, ton évasion, je le sais : —
tu ne t'évaderas pas. Si, au fond de ton cœur,
quelque secret solitaire se cache, comme un
serpent dans un rocher, oublie-le, car il te sera
stérile : — et il te sera stérile parce que tu es
pauvre, ayant abandonné tes biens à la cause de
la Foi... comme par un dernier mouvement de
l'Inspiration divine et de la Grâce ! — Non, tu
n'iras point par les chemins, comme une errante,
jeter à tous les vents, pareille aux humains, le
peu qui te reste de ton âme ! Nous répondons,
entends-tu, de cette âme-là. — Te penses-tu libre,
devant nous, qui avons appris aux hommes à mo-
rigéner la Force et qui savons, seuls, en quoi
consiste le Droit ? Qu'était ce donc, une femme,
ici-bas, avant les Chrétiens ? C'était l'esclave. Nous
l'avons affranchie et délivrée... et tu prononce-
rais, devant nous, le mot de liberté, comme si
nous n'étions pas la Liberté même ! — Écoute, et
pèse bien mes paroles : notre Justice et notre
Droit ne relèvent point de ceux des hommes. C'est
nous qui, dans leur intelligence, essentiellement
fratricide, avons fondé et allumé, pour leur salut,
ces idées dominatrices. Ils l'ont oublié, je le sais :
aussi en parlent-ils, à cette heure, comme ils
parlaient dans la tour de Babel, sans pouvoir s'entendre les uns les autres sur le sens du verbe

détourné ; c'est là le châtiment de leur vieil orgueil. Notre suprématie sur la terre est l'unique sanction d'une loi quelconque. Nul ne peut la contrôler, — car une conséquence ne peut révoquer son principe en doute ou en examen, — sous peine de cesser d'être, elle-même, une certitude ; et tout homme, esclave ou prince, ne peut nous reprocher notre nourriture qu'avec notre pain dans la bouche. Nous avons l'Autorité : nous la tenons de Dieu, et nous la garderons, entre nos mains profondes, jusqu'à la consommation des siècles. Et cela, malgré les menaces de l'avenir, les illusions de la Science, et toute l'infecte fumée du cerveau mortel, afin que la parole soit accomplie : *Stat Crux dùm volvitur orbis*. Qu'on nous frappe, qu'on nous délaisse, qu'on nous oublie, qu'on nous haïsse, qu'on nous méprise, qu'on nous torture, qu'on nous tue, qu'importe ! Vanités que tout cela ! Rébellions stériles. Forts de notre conscience à jamais solide et introublée, nous serons de ceux que saint Ambroise appelle: « *Candidatus martyrum exercitus !* » Enfin (et c'est ceci qui importe en cette heure effrayante), nous avons un Droit dont tout autre suppose la triple essence : ainsi le Fils est engendré du Père, et l'Esprit procède du Père et du Fils ! Et il n'est pas d'autre pensée initiale, sur la terre comme aux Cieux.

En conséquence, Sara, puisque, par miracle, il m'est donné de pouvoir agir, ici, d'une manière efficace et salutaire, je me saisis de la Force, au nom de Dieu, contre toi, pour te sauver de ta nature affreuse. Tu retourneras au cachot ! Tu y jeûneras jusqu'à ce que ta misérable chair, qui se révolte, soit matée. Ta beauté, c'est de l'enfer qui apparaît : tes cheveux te tentent ! tes regards sont des éclairs de scandale ! Tout cela doit s'éteindre vite et en poudroyant ; car c'est une illusion des ténèbres extérieures où tout se transforme et s'efface... j'en prends à témoin le ver de terre. Tu ne saurais te voir telle que tu es en ce moment sans mourir. — T'imagines-tu que Madeleine n'était pas aussi belle ? Sache-le bien, dès qu'elle se fut reconnue, éclairée par un regard de Dieu, la sublime pécheresse en garda toute sa vie un tremblement d'horreur. Prie, comme elle pria, pour obtenir ce qui nous éclaire ! Qu'elle soit ton exemple, jusqu'au dernier soupir ! Et tu seras notre sœur, notre sainte, notre enfant ! *Un silence.*

Un jour, peut-être, si ton repentir est sincère, reviendras-tu parmi nous. J'en doute ; mais mon devoir est de l'espérer... car la Miséricorde et l'Amour divins sont sans limites. Jusque-là nous prierons pour toi, jour et nuit, dans la consternation, les larmes et le jeûne ! — Moi-même, en prononçant la formule d'exorcisme, je revêtirai le cilice à votre intention.

Il descend. — Impénétrable, Sara n'a point tressailli une seule fois, ni relevé les yeux.

Mais, — voici une inspiration qui me vient directement du Ciel ! Sous cette dalle repose, parmi les Anges, la sainte fondatrice de cette antique abbaye, la bienheureuse Apollodora. Ce caveau, le voisinage de ces reliques thaumaturges, c'est l'*in-pace* qui vous convient. C'est là que la très bénigne intercédera pour vous, à vos côtés, pendant la veille et le sommeil, sanctifiant votre pain et votre eau, si vous êtes en sa commémoration.

Du bout de sa lourde crosse, il fait glisser les deux verrous de la vaste dalle funèbre, puis il le passe dans l'anneau. La pierre, cédant à l'effort du prêtre, se soulève. Les larges degrés terreux d'une excavation sépulcrale apparaissent : la grande dalle reste ouverte sur ses arrêts, toute droite.

C'est ici la porte... *janua*... par laquelle j'ai droit de vous contraindre à entrer dans la Vie ; car, ainsi que le dit avec profondeur saint Ignace de Loyola, « la fin justifie les moyens » : et il est écrit : « Forcez-les d'entrer !... » Venez, ma fille chérie ! ma fille bien-aimée ! — Descendez ici. Soyez dans la félicité ! C'est l'aumône que vous

nous avez faite qui vous vaut, sans doute, cette
dernière grâce : profitez-en. Bénissez donc votre
épreuve, afin qu'elle vous soit satisfactoire, et, à
votre tour... Humblement il s'incline devant elle : —
priez pour moi !

Sara lève enfin les yeux sur le prêtre. Elle regarde le
sépulcre qui s'ouvre auprès d'elle. Muette, et sans
que ses traits trahissent une impression quelconque,
elle marche vers un pilier. Elle saisit, parmi les *ex-
voto* suspendus par la reconnaissance des marins, une
vieille hache double, une guisarme ; puis revient,
toujours lente et glacée. Arrivée près du trou béant,
elle étend simplement le doigt vers la fosse et fait
au vieux prêtre un signe vague et impératif: celui
de descendre, lui-même, dans le tombeau.

Interdit, l'Archidiacre recule. Sara s'avance vers lui, la
hache haute, cette fois, et étincelante! Le vieillard
regarde autour de lui, puis la regarde elle-même. Il
se voit seul : si sa bouche s'ouvre, l'arme redoutable,
au jeune poing calme et rebelle, semble prête à s'a-
battre, comme l'éclair. Il sourit avec une sorte d'a-
mère pitié, hausse les épaules tristement — et,
comme pour épargner un crime plus horrible, il
obéit, sous les yeux froids de Sara.

Il s'enveloppe d'un grand signe de croix et descend les
degrés, qu'il heurte de sa crosse et qu'il frôle de sa
longue chape noire; peu à peu, sa tête, mitrée d'or,
s'enfonce et disparaît.

LA VOIX DE L'ARCHIDIACRE, sous la voûte
souterraine

*In te, Domine, speravi : non confundar in
æternum*

SCÈNE IX

SARA, seule

Sara jette la hache, d'un geste fait retomber la pierre, et pousse, impassiblement, du bout de sa sandale, chaque verrou.

Cela fait, elle s'approche de la fenêtre et secoue la corde du vitrail; la fenêtre s'ouvre avec violence, toute grande. Une bouffée de neige et de vent nocturne envahit l'église et éteint les cierges.

Alors Sara déchire, dans l'ombre, le drap funéraire et noue solidement l'une à l'autre les deux moitiés. L'instant d'après, ayant jeté un froc de pèlerin sur ses vêtements de fête, et debout sur la chaise abbatiale, elle atteint, d'un élan svelte et vigoureux, l'un des barreaux de fer, le saisit d'une main et se dresse d'un bond sur le bord de la fenêtre.

Puis elle se glisse, entre les barreaux, sur le bord extérieur, et regarde, au dehors, en bas, dans l'espace, au loin, dans l'infini.

Au dehors, la nuit apparaît, affreuse, obscure, sans une étoile. Le vent siffle et rugit. La neige tombe.

Sara se retourne, attache à un barreau le drap tordu et déchiré, en éprouve le nœud d'une secousse, ramène sur sa tête la capuce grise de son froc, — puis elle se baisse, décroît et disparaît, au dehors, suspendue, dans la nuit pluvieuse et glacée, silencieusement.

DEUXIÈME PARTIE

LE MONDE TRAGIQUE

> ... quia nominor leo.
> PHÈDRE.

DEUXIÈME PARTIE

LE MONDE TRAGIQUE

§ 1. Les veilleurs du souverain secret

Une haute salle au plafond de chêne ; — un lustre de fer pend du milieu des poutres entre-croisées. — Au fond, grande porte principale s'ouvrant sur un vestibule. Cette porte est surmontée de l'écusson d'Auërsperg, supporté de ses grands sphinx d'or.
A gauche, grande fenêtre gothique — laissant voir, à l'horizon, d'immenses et brumeuses forêts.
A droite, escalier de pierre construit dans la muraille : au sommet de l'escalier, porte cintrée communiquant avec l'une des tours.
Crépuscule déjà sombre.
La salle est d'une profondeur qui donne l'impression d'une bâtisse colossale datant des premiers temps du moyen âge. — A droite, vaste cheminée où brûle un grand feu qui éclaire la scène. Sur le spacieux manteau de cet âtre sont empilés de poudreux in-folio. — Sur de larges établis en bois noir, adjacents, sont disposés des alambics, des sphères astrales,

d'antiques lampes d'argile, de démesurés ossements d'animaux d'espèces disparues ; — des herbes desséchées.

Sur les murs, des trophées d'armes anciennes, des oriflammes orientales, — de très vieux portraits de châtelaines et de hauts barons de Germanie. Entre des armures sarrasines, d'énormes vautours et de grands aigles fauves sont cloués, les ailes étendues.

Au deuxième espace, à droite et à gauche, portes ; tentures en tapisseries de haute lice devant les portes.

Au milieu de la salle, table dressée pour un festin ; des peaux de renards et d'ours noirs sont jetées aux pieds de deux sièges de forme surannée, placés aux extrémités de la table, se faisant face.

Un grand vieillard, assis auprès de la cheminée, examine des armes qu'il achève de fourbir. Il est vêtu d'un surcôt de laine brune, serré par un ceinturon de cuir, et d'un vieux pantalon de cavalerie de même étoffe et nuance que le surcôt. Il porte le béret prussien sur ses rares cheveux blancs coupés en brosse. Il a la croix de Fer sur la poitrine.

SCÈNE PREMIÈRE

MIKLAUS, seul

Là ! — Ces carabines, ces couteaux de chasse... tout reluit ; la gourde est pleine de kirsch : gare, les loups !

Il se lève et regarde autour de lui.

Ah! le soir est venu.

Il va vers la fenêtre et regarde au loin.

Comme il vente là-bas, dans les sapins! Les bruyères se courbent, les chauves-souris ne volent pas; signe d'ouragan. Fermons bien le vitrail ; l'odeur des arbres, salubre le jour, est malsaine la nuit, — surtout aux approches du renouveau.

SCÈNE II

MIKLAUS, HARTWIG et GOTTHOLD, entrant
à gauche

Ce sont deux grands vieillards, de la stature de Miklaus, vêtus presque militairement encore et d'un assez noble aspect ; ils ont aussi la croix de Fer.

GOTTHOLD

Miklaus, il est temps d'allumer les flambeaux pour les deux convives.

MIKLAUS, redescendant et se frottant les mains

Et le feu aussi, car on sent les dernières bises!

Il s'approche de la cheminée et ravive le feu.

Ainsi, le docteur ne descendra pas encore au souper?

HARTWIG, frissonnant

Non. — Brr! n'épargne pas les sarments; il faut que cela flambe! — Oh! quelle humidité tombe des pierres, ici! — L'autre aile du château est moins rude, il me semble? Ici, l'on a froid; et, c'est singulier, dehors il fait tiède et l'air s'alourdit, — vieil indice avant-coureur d'une grosse tourmente.

GOTTHOLD, de même, regardant autour de lui

C'est qu'ici le vent passe à travers les lierres du dehors qui verdissent le granit. Oui, cette pièce est glaciale.

MIKLAUS, qui empile dans l'âtre d'énormes bûches

Aussi, pourquoi ne jamais l'habiter qu'aux jours de cérémonie? Seul, maître Janus y vient, parfois...

Gotthold allume les candélabres; Miklaus, en se relevant, considère les reflets des lumières sur les murailles et sur les boiseries, sur les croissants dédorés des étendards. — Et les bleuissements en feu des longues épées, des cimeterres et des dagues, les yeux des oiseaux de proie, les angles vermeils des cadres, les tubes des arquebuses, des carabines, jettent des miroitements qui animent les visages des vieux portraits.

Quel délabrement! Voyez donc les tableaux!

Les durs traits des rhingraves, les beaux fronts des aïeules de monseigneur Axël sont effacés ; les tapisseries sont devenues indistinctes.

HARTWIG

Et cette armure d'airain, toute damasquinée d'or, conquise à la première croisade, par le prince Elciàs d'Auërsperg, chevalier d'Allemagne, sur l'émir sarrasin Saharil Ier, la voici toute rongée de rouille et le bois mort de la lance s'est rompu sous la moisissure.

MIKLAUS, grave

Ah ! je ne tiens pas à les fourbir ; c'est hanté, ici !

Les trois vétérans, maintenant debout autour de la nappe blanche et des lumières, apparaissent, éclairés, sur le fond confus des ombres qui tombent des voussures de la salle. Ce sont d'énergiques et soucieuses figures ; le grand âge et leurs occupations sédentaires dans le burg n'ont pas encore éteint la fermeté du regard. Une cicatrice terrible sillonne, du haut en bas, le visage de Gotthold ; — la manche gauche du gros veston militaire de Hartwig flotte depuis l'épaule, et le poignet vide en est cousu sur sa poitrine ; — vers la droite du front de Miklaus est creusé l'enfoncement d'une balle.

Et, autour d'eux, en effet, dans l'air de la salle, domine une impression de solennité extraordinaire : sans doute, ils la subissent, en évitant d'y trop songer ; elle aggrave leurs paroles et leurs silences.

GOTTHOLD, à Miklaus

Tu sais que le commandeur va nous quitter ? — Otto, son domestique, s'est mis en route ce matin même avec le ballot de voyage de son maître... et, d'ici aux frontières de la Prusse, il y a loin !

MIKLAUS

Quoi ! ce brillant seigneur s'en retourne sans même avoir vu le docteur Janus?

GOTTHOLD

Oui. Cette nuit. C'est le festin d'adieu. — Place-moi ces jolies touffes de romarin, cette brassée de verveine, de roses des bois et de menthe entre les candélabres : les fleurs, cela donne un air de fête. Puis cette corbeille de fruits ; ce sont les meilleurs : ils ont été piqués par les oiseaux. Notre visiteur s'y connaît.

HARTWIG, presque à lui-même

Étrange visiteur qui ne veut rien voir !

GOTTHOLD, d'un air soupçonneux

Hum !... et qui voit tout.

HARTWIG, le regardant

Ah! c'est vrai : toi aussi... — tu...

GOTTHOLD, chantonnant

Barbe rouge et noirs cheveux,
Défies-en-toi si tu veux.

MIKLAUS, les regardant

Vous avez l'air, Hartwig et toi, d'être enchantés de ce départ?

GOTTHOLD, indifférent

Un homme qui s'en va.

HARTWIG, grommelant

Homme blême, homme nuisible!

GOTTHOLD, à voix basse

Le nôtre est blafard comme l'argent! il est couleur de Judas.

HARTWIG, après un moment, à Gotthold

Pareil renard ne peut donner de bonne fourrure, — comme nous disions, entre étudiants, à Heidelberg... autrefois.

Tous trois s'assoient autour du feu maintenant embrasé et flamboyant.

MIKLAUS

Cependant le jeune maître paraît aimer sa compagnie : — n'est-ce point son parent? Feu le comte d'Auërsperg l'a présenté au roi jadis...

GOTTHOLD, tisonnant

Oui, le père l'a tiré d'obscurité, et vingt ans se sont passés sans que l'obligé s'inquiétât de l'enfant. — Il a fallu cette circonstance d'héritage, d'intérêts, pour lui rappeler, là-bas, à la cour de Prusse, que son cousin, le comte Axël d'Auërsperg, prince germain — et, de plus, chef de la branche aînée, — vivait seul, avec de très vieux serviteurs, dans un château fort en ruines perdu au milieu de l'immense Forêt-Noire. Comme il a su trouver des guides, alors! et dormir dans les chaumines! — et chevaucher, bien des jours, à travers les chemins abrupts, les nouvelles clairières, les routes montueuses !

HARTWIG, soucieux

Oui, tu as raison, Gotthold : cet homme n'est pas un ami. J'aurai toujours en mémoire le jour de son arrivée, la semaine passée; — n'était-ce pas la veille des Rameaux? — Lorsqu'après avoir traversé les salles désertes du château, conduit par herr Zacharias, il s'est trouvé, subitement —

lui, tout chamarré d'ordres et de croix — devant le jeune comte, — eh bien, au lieu des deux mains offertes, il est demeuré comme interdit pendant un instant! — Nous autres, grands barbons, cuirasses rouillées, soldats des vieilles guerres, serviteurs aujourd'hui voués à l'exil, mais qui, je pense, avons gagné, chacun, notre croix de Fer un peu plus malaisément que lui ses grands cordons (sans offense), — il ne nous avait même pas reconnus.

GOTTHOLD, pensif

Le comte, en ce deuil qui va si bien à sa puissante taille, se levant et l'accueillant avec sa simplicité grave, avait l'air d'un jeune lion qui porte sa race dans ses yeux. J'en étais fier, moi! comme le jour où j'eus l'honneur de lui mettre un fleuret au poing pour la première fois. — Et j'ose croire qu'aujourd'hui monseigneur est, certes, l'une des plus dangereuses épées de l'Allemagne, sinon la plus redoutable.

HARTWIG, relevant la tête, et souriant

Par exemple, Ukko n'a pas été meilleur courtisan vis-à-vis de ce voyageur, en ce moment-là. — L'ingénu démon! Vous rappelez-vous qu'il tenait d'une main la laisse de ses trois féroces lévriers,

— qui grondaient à la vue de l'étranger, — et qu'il souriait en s'inclinant? Et qu'il a demandé tout bas au maître s'il devait les lâcher sur ce parent inattendu?

GOTTHOLD

Ha! ha! l'espiègle!

HARTWIG

C'est la gaieté du vieux burg, ce page d'autrefois : de plus, c'est un esprit déjà ferme, subtil, et qui étonne. — Il a l'air d'une longue étincelle!

GOTTHOLD

Et il est leste comme une ombre.

MIKLAUS, avec une moue de vieillard

C'est un mauvais petit charmeur qui me joue trop de tours.

GOTTHOLD, souriant

Ce bon Miklaus!.. Va, réchauffons nos dernières songeries à sa belle jeunesse, comme nous chauffons nos trois barbes blanches à ce bon feu clair. Laissons-le jouer, — même avec nous ; son sourire malin nous ranime et sa vue est bonne.

MIKLAUS

Allons, allons, soit! Tisonnant : — **Mais**, pour

en revenir à nos loups, vous me surprenez, tous les deux, quand vous me donnez à entendre que monseigneur n'a pas grande amitié pour son cousin. Dès le premier repas, cependant, l'antique vaisselle d'argent a été exhumée et les meilleurs coins de la cave ont été explorés.

GOTTHOLD

Que prouve ceci? Le comte remplit son devoir d'hospitalité, voilà tout.

MIKLAUS

Cependant, herr Zacharias...

HARTWIG, se détournant vers lui

Au fait, qu'en dit le vieil intendant? C'est un furet; — et c'est un financier digne de ces temps où chaque grand seigneur avait son orfèvre. Je ne pense pas que le commandeur Kaspar lui en ait imposé dans les comptes d'héritage.

MIKLAUS

Justement! Herr Zacharias le tient en très haute et très favorable opinion!

HARTWIG, étonné, à Gotthold

L'âge aurait-il affaibli sa raison, à la longue?

GOTTHOLD, pensif

Ce que dit Miklaus ne me surprend pas : j'ai remarqué que depuis la venue de notre personnage, herr Zacharias est soucieux, taciturne... je ne sais pas... il rôde ; — il est inquiet.

HARTWIG

Il a quelque chose dans l'esprit.

GOTTHOLD, plus bas

Et puis, il sait de séculaires secrets de la famille, lui..., sans compter... le TERRIBLE.

MIKLAUS et HARTWIG, ensemble

Chut, Gotthold !

Les trois vieillards regardent autour d'eux avec une sorte de mystérieuse inquiétude.
Gotthold tressaille et, de sa grosse chaussure ferrée, donne un véhément coup de pied dans les bûches rougeoyantes : celles-ci, soudain, jettent une énorme lueur de flammes et d'étincelles dans la salle.

MIKLAUS, après un instant, reprenant la conversation

Moi, pour conclure, — je tiens que le comte Axël ne s'ennuie nullement de son convive. — Comment ! mais il boit, avec lui, en un souper, plus de vin qu'il n'en buvait auparavant en douze repas ; je crois même qu'il y prend goût — et m'en réjouis !

GOTTHOLD, relevant la tête

Bon Miklaus, tu devrais connaître un peu mieux le jeune maître.

HARTWIG

Lui, sobre jusqu'à jeûner des jours entiers !

GOTTHOLD

Lui, qui se prive de toutes les joies de son âge ! qui use ses meilleures années à veiller, là, dans la tour, — et tant de nuits ! — sous les lampes d'étude, penché sur de vieux manuscrits, en compagnie du docteur !

HARTWIG, à Miklaus

Ne comprends-tu pas que c'est seulement par courtoisie qu'il porte des santés ? Le châtelain doit faire honneur à son hôte et lui fait raison.

MIKLAUS

Là, là ! — Tout ce qu'il vous plaira... Moi, je vous dis qu'il prend de la distraction depuis ces huit grands jours. — Tenez, ces parties de chasse avec le commandeur...

Hartwig

Laisse donc! C'est un moyen pour lui d'être seul. Oublies-tu qu'il n'aime que le silence! — S'il accepte, parfois, Ukko pour compagnon, c'est que l'enfant devient, à ses côtés, plus muet que son ombre et qu'il se sait aimé jusqu'à la mort par ce vigilant veilleur aux yeux de faucon! — Avec tout autre, un temps de galop sur son étalon Wunder et le voilà hors de vue, franchissant ravins et halliers. Gunther et Job, ses deux moins vieux piqueurs, ont renoncé à le suivre depuis longtemps, — et le commandeur d'Auërsperg s'en revient au château presque toujours une demi-heure après le départ.

Miklaus, rêveur

Vraiment? Ah?... c'est différent! Je croyais que son cousin l'aidait un peu, ces jours-ci, dans ces dangereuses battues sous bois...

Hartwig, souriant

Axël d'Auërsperg n'a que faire d'être aidé de personne lorsqu'il veut détruire des sangliers ou des ours, ou des aigles : montrant les murailles : regarde. — Les dangers!... Par saint Wilhelm! Tu sais fort bien que notre jeune seigneur est d'une vigueur telle qu'il étouffe les loups, d'une seule étreinte à la gorge, sans daigner tirer son couteau de chasse. Plus bas : Quant à ce qui le menacerait du lointain, les vingt mille forestiers du Schwartzwald, mineurs, sabotiers, bûcherons, anciens soldats, tous ! lui sont plus dévoués qu'au roi !

MIKLAUS, réfléchissant

Au fait, — au fait, vous pourriez avoir raison ! — D'ailleurs, il est assez surprenant qu'il n'ait même pas demandé, je crois, à maître Janus de quitter, un moment, ses travaux et sa solitude pour venir examiner un peu le visiteur.

GOTTHOLD, après un silence

Oh ! le docteur n'a que faire de voir les gens pour les connaître.

MIKLAUS, le regardant

Hein ?

GOTTHOLD

Il les aperçoit, il les devine dans le son de voix de ceux qui lui en parlent.

HARTWIG, mettant la main sur l'épaule de Gotthold, en riant

Voyons ! — Maître Janus n'est pas un sorcier, cependant, Gotthold ?

GOTTHOLD, grave

Je m'entends. Si le docteur n'a point paru, c'est que le commandeur n'est qu'un indifférent qui ne vaut guère le regard et ne signifie, en somme, que peu de chose. Un silence.

A propos... observes-tu que maître Janus ne vieillit pas, Hartwig? — Voilà bien des années, pourtant, qu'il est ici!

HARTWIG

C'est vrai, ceci, par exemple! Riant : Il faut croire que le culte des astres empêche de vieillir.
Un silence.
On n'entend que le crépitement du feu dans la haute salle.

GOTTHOLD, d'un ton singulier

Moi, je trouve que ses yeux ne semblent pas être ceux d'un homme de ce siècle.

HARTWIG, avec un rire forcé

. Le bon Gotthold veut nous faire peur, à présent!

MIKLAUS, baissant la voix et d'un ton confidentiel

J'avoue qu'il a quelque chose en lui, ce maître Janus, qui retient l'affection. Sa manière de faire le bien glace ses obligés. — Gotthold, il nous a guéris souvent, nous et les paysans de l'orée des Grands-Bois : rien n'y fait. On ne se sent jamais à l'aise devant lui ! Depuis bientôt douze ans que je le sers tous les jours, c'est bizarre... mais je ne peux pas m'habituer — même à croire qu'il me voit.

HARTWIG, rêveur, et aussi à voix basse

Nous-mêmes, l'avons-nous jamais bien regardé ? Quand il apparaît, il nous surprend comme un inconnu. Lorsqu'il parle, événement rare, ce qu'il dit, bien que toujours simple, semble comme le reflet d'entre deux miroirs : on s'y perdrait à l'infini. — Tenez ! le mieux est de ne pas trop réfléchir sur le docteur, — si nous tenons à conserver un peu de bon sens jusqu'à la mort.

GOTTHOLD, grave, sur le même ton

C'est un homme naturellement impénétrable. Cette impression qu'il donne résiste, dans l'esprit, même à tous les heurts de la vie quotidienne. — Lorsqu'il arriva seul, à cheval, le jour même de la mort si imprévue du comte Ghérard d'Auërsperg, à la fin des guerres contre le mystérieux Napoléon, — ce fut au crépuscule du matin. Quand on lui montra le testament par lequel le comte (qui avait, paraît-il, connu maître Janus sur les champs de bataille) lui léguait le soin d'élever son fils, — je l'observais ; il avait l'air d'être au fait, déjà, du décès et de la dernière volonté.

Depuis quelques moments le temps s'est couvert au dehors, et des rafales annoncent une prochaine tempête. — Cinq heures sonnent.

HARTWIG

Écoute : voici l'heure où notre belle et vénérée châtelaine Lisvia d'Auërsperg, pareille à celles de jadis, descendait, pensive, et si grave, toujours ! à l'orgue de la chapelle, il y a vingt ans.

GOTTHOLD, à Miklaus

Tu sais bien, cette croisée de la grande galerie, où le soleil vient mourir, le soir ? Elle s'y attardait souvent, de longues heures, accoudée, pâlie, en vêtements de deuil, l'air d'un ange, et son livre d'heures aux fermoirs d'émail sur les genoux.

MIKLAUS, GOTTHOLD et HARTWIG, se levant et se découvrant

En Dieu soient les âmes des morts de la maison !

Ils se rassoient. Un silence ; on entend bruire la pluie au dehors.

HARTWIG

Allons, jette des pommes de pin dans le foyer et laissons là les souvenirs. Les années, ce sont des souffles, et nous sommes les feuilles qu'elles emportent.

GOTTHOLD

C'est égal : lorsque Axël d'Auërsperg rompra le silence dans quelque solennel moment, cela sonnera, je crois, le son rude.

MIKLAUS, hochant la tête

Aux grands vents battent les grandes portes !

GOTTHOLD, presque à lui-même

Ah ! c'est qu'il fut *toujours*, en sa nature, de devenir un homme... surhumain.

Bruits de tonnerre; lueurs d'orage; lointaines rumeurs des bois.

MIKLAUS, se levant et allant à une fenêtre

Mais, — quel temps !... Le ciel a changé, pendant nos ressouvenances ! La tourmente secoue la montagne. Heureusement, le donjon est encore solide.

GOTTHOLD, debout et regardant aussi au lointain

C'est vrai. Déjà les éclairs bleuissent l'horizon. Voyez donc les sapins : comme la foudre en illumine les profondeurs !

Ils écoutent la tempête.

Hartwig

Et l'on entend d'ici le craquement des branches. Quelle averse! Heureusement, les canons sont à couvert et bien huilés, entre les créneaux.

Miklaus

Comme les rafales fouettent nos vieilles croisées! Cela redouble. On n'aura pas de lune cette nuit. Maudit temps! Pas de doute que le commandeur ne puisse se décider à repartir aujourd'hui.

Gotthold, inquiet

Les flots de pluie traversent la feuillée. — Et monseigneur qui n'est pas rentré de la chasse! — Pourvu qu'il ait pris son justaucorps de cuir!

Une vaste lueur, d'un bleu violet, sillonne les ombres de la salle.

Miklaus

Ah! le coup va sonner!

Gotthold

Un triste et hideux éclair, c'est vrai.

Miklaus

J'ai cru voir un regard de l'Enfer!

HARTWIG, après le lourd coup de tonnerre

Et c'est la veille de Pâques!

SCÈNE III

LES MÊMES, UKKO.

Ukko entre, à gauche, essoufflé, un cor de chasse à l'épaule, en sayon de drap noir à large ceinture de cuir annelée de fer, deux plumes d'aigle à son bonnet de fourrure, un épieu à la main.

UKKO

Bonsoir, les ancêtres!

Il appuie son épieu contre un angle de la muraille et s'approche.

GOTTHOLD, MIKLAUS et HARTWIG,
se retournant

Ukko!

UKKO, joyeux

Vous songez, tous trois, à l'ordre admirable des saisons?

GOTTHOLD

Tu as quitté la chasse? — Où as-tu laissé monseigneur?

Ukko

Dans une caverne, à trois milles d'ici, regardant, de temps à autre, l'orage s'approcher.

Hartwig

Et la journée?

Ukko

Un gros loup-cervier, une louve et sa portée, deux renards et un vautour. Le vautour était perdu dans les nuées noires, dans le tonnerre, quand la balle du maître s'en est allée l'y surprendre. C'est moi qui ai tué les deux renards. — Mais... il s'agit d'autre chose... et je veux..

Miklaus

Bois ce verre de vin du Rhin, et viens te chauffer, vilain gnome.

Ukko, buvant

Merci. Je n'ai pas froid. — Il faut que je vous dise...

Hartwig, lui tâtant la manche

Quoi! rien dessous? Il avait oublié son surcôt!... Il est mouillé comme l'herbe.

UKKO

Ce n'est rien. — Vous saurez donc..

MIKLAUS

Allons, mets-toi là : tu seras malade ; chauffe-toi.

UKKO

Ne faites pas attention, vous dis-je ! — Figurez-vous...

HARTWIG, inquiet

Est-ce qu'il serait arrivé quelque chose au comte?

UKKO

Non ! puisque je suis ici ! — Ah ! si vous saviez...

MIKLAUS, à Gotthold

Il est tout changé depuis hier, je trouve, l'enfant? — Tu es tout pâle, Ukko?

Ukko se croise les bras et les regarde.

HARTWIG

Parle vite. Tu nous inquiètes.

UKKO, frappant du pied avec impatience

Par les cent dieux!

HARTWIG et MIKLAUS, à Gotthold, qui, silencieux,
s'est assis auprès du foyer

Tais-toi, Gotthold. — A Ukko : Nous t'écoutons.

UKKO, commençant son récit

Hier au soir...

MIKLAUS, à demi-voix

Comme il tonne, entendez-vous, hein?

UKKO, furieux

Ah! — Vous ne voulez pas m'écouter, à la fin?... C'est bien. Je m'en vais! — Les séculaires bavards, sans seconds sous le ciel!

GOTTHOLD

Silence! la parole est aux enfants!

UKKO, de même

Comment! vous avez tantôt trois siècles, à vous trois, — vous avez entendu des milliers d'orages, de foudres, d'aquilons et de batailles épouvantables, et vous faites attention à une méchante bourrasque... alors que je veux vous raconter une histoire?

GOTTHOLD

Là ! là, tête folle !

HARTWIG

Tout doux !

UKKO, de même

Mais moi, qui ai dix-sept ans à moi tout seul, mais je m'en soucie comme de cela, moi, des éclairs et du vent, et de la pluie, et de tous les tremblements !

MIKLAUS

C'est bon. Raconte-nous, avec suite...

UKKO

Non. J'aime mieux m'en aller. Vous ne saurez rien. Voilà.

GOTTHOLD

Veux-tu parler à ton tour, mauvais diable ? Que se passe-t-il ?

UKKO

Miklaus et Hartwig vont encore m'interrompre... et puis... D'ailleurs, non : vous ne m'aimez pas.

Hartwig, souriant

Méchant lutin !

Ukko

Vous ne vous intéressez pas à ce qui m'arrive.

Miklaus

Dis-nous posément...

Ukko

Adieu.

Ukko a fait quelques pas pour sortir ; les trois vieillards se précipitent et le ramènent, moitié souriant, moitié fâché.

Alors, debout entre les fleurs de la table, éclairé par les candélabres, par les lueurs, aussi, du foyer et des épars violets, il médite, noir et brillant, tandis que les trois serviteurs, assis autour de lui, l'écoutent avec une vague anxiété.

Il parle, en souriant, comme perdu en un rêve, — tandis que des harpes semblent, en des lointains, l'accompagner, au fond de l'orage :

Hier, dans la Forêt, à la première étoile, j'ai rencontré une petite fée, oh ! mille fois plus jolie que toutes celles du Harz !... une jeune fille. Elle chantait d'une voix aussi fraîche que le murmure des sources, et, balançant d'une main un petit panier de cerises sauvages, elle marchait sous les sapins. Elle avait noué, de primevères, sur son dos, les deux nattes brunes de ses cheveux à la taille de son corselet de velours. De temps à autre elle caressait un grand épagneul tout blanc qui sautait autour d'elle, joyeux! Oh! comme elle était jolie! — Ses yeux étaient doux comme le soir!

MIKLAUS, *souriant*

Ah! ha! déjà le jeune Ukko...
Gotthold lui clôt la bouche avec la main.

UKKO

Pendant quelque temps, je la suivis, caché dans la longue clairière. Soudain, j'écartai les ronces et je vins à elle. A peine nos regards se furent-ils rencontrés que nous échangeâmes un sourire ami. Cependant, nous ne nous étions jamais vus. Nous nous tendîmes la main sans y penser. Son blanc compagnon me regarda fixement; il eut l'air, aussi, de me reconnaître : l'instant d'après, lui et Holf, mon grand lévrier, étaient de vieux amis. En silence, elle et moi, l'un auprès de l'autre, nous fîmes le chemin qui conduit à ce torrent où commencent les chênes. Là, c'est la maisonnette de son père, Hans Glück, le garde forestier. J'entrai. Celui-ci leva les yeux;

puis, nous ayant bien regardés, il m'offrit la main et m'accueillit à son foyer. — Luïsa mit deux verres sur la nappe blanche. Ah! ce bon kirsch si clair, qu'elle sait préparer si bien! Elle nous versa, pendant la causerie, avec sa douce main... La nuit étant venue tout à fait, comme elle me disait au revoir sur le seuil, je lui mis au doigt ce familial anneau qui m'était sacré. — Silencieuse, elle m'embrassa au front : ses yeux étaient graves, et deux belles larmes tombèrent de ses cils sur mes paupières. — Je m'enfuis! J'étais si heureux que je me mis à pleurer dans les bois. J'étouffais! Holf aboyait et me tirait joyeusement vers la maisonnette. — Ah! Luïsa Glück! C'est du ciel, — et c'est du feu que son baiser : j'ai dans l'âme un désir si délicieux d'elle, que je ne peux pas respirer, tant j'en suis amoureux, et tant je l'aime ! — Nous nous épouserons à l'automne : au plus tard! — Je suis... je suis heureux ! — Seulement, si l'un de vous trois se permettait de mourir avant les noces, — ah!... je me fâche!

GOTTHOLD

Je serai ton garçon d'honneur, Ukko.

UKKO, riant et tirant la longue barbe de Gotthold

Merci, mille et mille fois !

Montrant Miklaus et Hartwig :

Voici quelques parrains...

HARTWIG

Comment! — mais je l'ai vue naître... avant-hier, ta petite Luïsa!

UKKO, *rêveur et le regardant*

Avant-hier? — En effet, c'est juste. Cela fait, pour les gens ordinaires, seize ans et demi.

HARTWIG, *à demi-voix*

Déjà!

UKKO

L'un dit : « Déjà! » l'autre : « Enfin! » Je commence à croire que c'est le même mot retourné.

MIKLAUS, *riant*

Je trouve bizarre que le père Glück — un brave soldat saxon, d'ailleurs — te donne sa fille, mon ami.

UKKO, *lui mettant la main sur l'épaule*

Tu es bien heureux de trouver encore des choses bizarres, à ton âge.

HARTWIG

Miklaus n'a point tort, cette fois : tu es joli, mais tu es une ombre.

UKKO

Mon bon Hartwig, est-ce que tu ne souffres pas à l'ombre de ton bras gauche quand le temps change?

HARTWIG

Si. — Pourquoi cela, mon fils?

UKKO, rieur

Ah! demande-le au boulet qui t'emporta sa réalité à Lutzen. Je voulais seulement te faire constater qu'une ombre est quelque chose.

GOTTHOLD

L'enfant a bien raison d'être heureux, et le plus tôt possible! Vous êtes des esprits chagrins. — Mais, attention! J'entends... hein? — Ces pas...

MIKLAUS

Oui : dans la galerie des Chevaliers.

HARTWIG

C'est notre hôte, je pense. — Vite, encore des bûches dans le feu, Miklaus!

UKKO

Et, comme je ne sache pas qu'il y ait lieu de manifester une joie respectueuse à sa vue, un salut et quittons-le.

GOTTHOLD

C'est lui, en effet.

UKKO, les rassemblant tous trois, mystérieusement

Écoutez : — le futur grand-père de vos filleuls m'a fait présent, ce matin, d'une jarre de kirsch rose, plus précieux que celui du roi. Mes amis, je vous invite à venir le goûter un peu avec moi, dans la salle d'armes. Là, nous serons chez nous. Et, en attendant le maître, notre bon Axël, gentilhomme des bois, prince de sa montagne et seigneur des torrents, — oh! je veux boire, avec vous, à Luïsa Glück, ma fiancée!

MIKLAUS, GOTTHOLD et HARTWIG, un doigt sur les lèvres

Chut.

Kaspar d'Auërsperg entre à droite. — Air de très grand seigneur. Vers quarante-trois ans. Costume de voyage, à pèlerine courte, en drap noir. Tenue d'une grande élégance. Haute taille. — Insignes d'ordres sur la poitrine.

SCÈNE IV

LES MÊMES, LE COMMANDEUR KASPAR D'AUERSPERG.

LE COMMANDEUR à lui-même, les regardant

Non. Pas ceux-là. Ce sont des pierres, — et l'enfant est l'âme damnée de son maître. — L'autre, le majordome, ce herr Zacharias, — voilà celui qu'il faut attaquer.

UKKO

Si le commandeur d'Auërsperg désire attendre ici monseigneur, voici du vin du Cap, du canastre, du feu et des livres.

LE COMMANDEUR

Le comte doit-il rentrer bientôt?

UKKO

Dans une heure, au plus tard.

Ukko et les trois vieux soldats saluent et sortent. Depuis quelques minutes, l'ouragan paraît s'être apaisé: il ne tonne plus qu'à de longs intervalles, et, au lointain, la pluie a presque cessé; néanmoins, à travers les vitraux, le ciel demeure couvert et menaçant.

SCÈNE V

Le Commandeur KASPAR D'AUERSPERG,
seul

Voilà de magnifiques vieillards! — Cela rappelle un beau champ de bataille, un bel hiver et une belle mort. Regardant autour de lui :

Quel nid de hiboux! — Des livres, dit-il. L'Histoire ancienne, sans doute? Voyons.

Il ouvre un in-folio.

Le vin, passe encore; il est presque aussi vieux que ceux qui l'ont mis en bouteilles, et son cru merveilleux supporte cependant cet âge sans faiblir. Lisant :

Traité des Causes secondes. Il rit.

Ha! ah! l'excellent titre!... *Traité des Causes secondes!* — Ce jargon me paraît d'une clarté!... Ah! ah! — Continuons, un peu. Lisant derechef :

Procul à delubro mulier semper!

Cette épigraphe n'est pas, il faut en convenir, du dernier galant. Lisant encore :

Chapitre premier : *Les Silentiaires.* — Diable!

« *Tout verbe, dans le cercle de son action,*

crée ce qu'il exprime. Mesure donc ce que tu accordes de volonté aux fictions de ton esprit.

<small>Fermant le livre et le jetant sur les autres :</small>

Chansons !

<small>Il bâille. — Puis, rêveur, après un coup d'œil sur les objets autour de lui :</small>

C'en est fait ; je ne doute plus. — Mon jeune châtelain donne, en toute réalité, dans l'Hermétique, la kabbale et les histoires de sabbat ! C'est, à coup sûr, ce maître Janus qui lui insuffle et lui instille dans la tête ces superstitions épaisses... qui seront, longtemps encore, le vice de l'Allemagne. Leurs entretiens doivent rouler sur la Sainte-Vehme et sur... les Rose-Croix ? Au fait, il y en eut, dans notre famille : mais... quand c'était de mode. — Je m'explique fort bien que ce morne insensé n'ait point jugé à propos, jusqu'à ce jour, de se montrer à mes yeux profanes. Je l'eusse exécuté, en deux ou trois brocards, de la belle manière.

<small>Un silence. Il s'assoit auprès de la table et se verse à boire.</small>

Je l'avoue : ce manoir, y compris ses habitants, me semble improbable. Je m'y trouve paradoxal. Ici, l'on est en retard de trois cents ans, montre en main. Je croyais exister à l'aurore du siècle XIX ? — Erreur !... En franchissant ce seuil, je me suis aperçu que je vivais sous l'empereur Henri, au temps des guerres d'investiture.

Soit. — A la santé dudit empereur!
Il boit.

Or çà, je voudrais bien voir clair dans cette existence anormale que l'on mène céans. Quant à mon noble cousin, je ne me sens qu'une sympathie assez modérée pour ce jeune héros d'un autre âge. Il est, vraiment, d'un caractère... des plus indéfinissables. — D'ailleurs, tout homme qui, vers la quarantaine, s'intéresse à d'autres qu'à soi-même, n'est pas digne de vivre. Un silence.

Maintenant, voyons : c'est un gentilhomme des mieux tournés, je dois en convenir, quoique de mine un peu fatale. Il est même d'un superbe aspect, en sa haute taille, et ne manque pas d'une sorte de distinction sauvage... qui serait du meilleur effet à la cour, où l'on raffole du nouveau. Je vois d'ici les musiciennes de la reine, le soir de sa présentation, — la princesse de Sabelsberg, la comtesse de Walstein, — ah! ha! Succès d'incendie à première vue! ou je m'abuse étrangement. — Il a su m'accueillir avec une courtoisie parfaite et se montrer grand seigneur en m'abandonnant sa part d'héritage, malgré sa fortune perdue... Je suis sûr que, bien dirigé, le comte Axël d'Auërsperg pourrait me conquérir, auprès du roi, certaines influences... d'une utilité fort appréciable; — cette vieille affaire de son père et des Trésors est si oubliée!

Après un silence : — Oh ! ma vieille ambition, toujours déçue jusqu'à présent ! Sombre et regardant autour de lui : C'est une sorcière aussi, celle-là.

Son regard s'arrête sur la table :

Voici le souper de mon départ. Une table qui réjouit l'œil ! — Ces jolies fleurs forestières... c'est au mieux et de fort bon goût. Silence.

Le singulier air qu'on respire ici ! Je ressens une impression d'inconnu dans cette vieille demeure. — Voyons ; je crois avoir pris, sur mon jeune cousin, quelque ascendant : ces sortes de natures sont d'une faiblesse d'enfant, en vérité. — Je suis en avance sur lui d'une vingtaine d'années, ce qui, joint à ma parenté, m'a permis une certaine aisance devenue vite familière, un tour protecteur en nos causeries, bref une de ces apparentes insouciances de propos, dont la bien calculée rondeur finirait, pour peu qu'on la graduât, par faire tolérer, insensiblement, jusqu'à l'impertinence... Il faut que j'essaye, ce soir, de combattre l'influence de ce maître Janus. Je veux lui démontrer, au dessert, que le Grand-œuvre est de faire son chemin dans le monde et d'y prendre, de gré ou de force, la place en laquelle on désire s'asseoir. Pensif : Comme si toutes les fantasmagories de la terre et toutes les sentences des philosophes valaient, en réalité, le regard d'une jolie femme ! — Et la jeunesse, hélas !

la belle jeunesse! — Voilà la vraie magie! — Une belle créature, — voilà qui se comprend tout de suite! sans effort!... Voilà qui est clair!

Il mire le cristal de son verre aux lueurs des flambeaux.

Je croirais volontiers que tout ce sombre voisinage de bois, de torrents, de vallées, renforcé de la solitude, a nourri dans son esprit ces idées absurdes. — Bah! le mal se guérirait en huit jours, là-bas... et je suis sûr qu'entre mes mains ce jeune homme deviendrait un instrument des plus utiles.

Il se lève et fait les cent pas.

C'est égal : je suis soucieux. — Il n'est pas naturel qu'un garçon, qui n'est certes pas un esprit vulgaire, accepte délibérément l'existence d'ours que mène ici le comte Axël d'Auërsperg! Tout l'amour des sciences occultes ne légitimerait pas une telle réclusion, un si long, si lointain, si volontaire exil. — Il y a autre chose. — *Plus bas et d'un ton singulièrement rêveur, après un coup d'œil taciturne autour de la salle :* — Il y a quelque chose, ici.

Réfléchissant, en regardant distraitement des lueurs d'éclairs :

Voici huit longs jours que je passe en ce repaire oublié, crénelé, suranné, dont l'architecture, les alentours et le silence ne sauraient intéresser désormais que de vains idéologues; certes, je ne m'y fusse pas aussi longtemps ennuyé sans cette confuse et tenace impression d'on ne sait quoi d'inconnu! — Puisqu'elle ne s'est pas encore dissipée, c'est qu'elle est sérieuse, et... je n'aime pas à faire buisson creux. Je désirerais beaucoup tirer au clair cette énigme. — Mettre à la question le herr Zacharias eût été assez imprudent, avant cette heure-ci; mais, puisque je quitte aujourd'hui, et sans regrets, cette inquiétante bâtisse, je puis, tout à l'heure, quand le vieil intendant...

Voyant entrer herr Zacharias :

Le voici.

SCÈNE VI

Le Commandeur KASPAR D'AUERSPERG,
Herr ZACHARIAS

HERR ZACHARIAS, *sur le seuil, regardant le commandeur*

L'heure est venue. Le devoir est de parler.

Il referme les portes avec précaution.

LE COMMANDEUR, *le regardant, à lui-même*

Si c'est un sorcier aussi, celui-là, il faut convenir que le Diable met du temps à l'emporter?

Le lorgnant de la tête aux pieds :

Ah çà! mais... il a cent ans, ce garçon! — Étudions un peu ces vestiges : œil couvert, diplomatique, lèvres fines... oui, mais nez sans pénétration. Bien. Haut : Bonsoir, herr Zacharias! — Qu'avez-vous donc? — Par mon drageoir! vous paraissez ému.

HERR ZACHARIAS, grave, s'approchant du commandeur

Monseigneur, j'ai, plus d'une fois, eu l'honneur de vous rencontrer, il y a quelque vingt ans. — Vous étiez l'ami du défunt comte; vous devez aimer son fils.

LE COMMANDEUR, à lui-même

Le dévouement est son côté faible. Haut : C'est un jeune homme d'avenir, et je ferais tous les sacrifices pour le voir prendre son rang dans le monde.

HERR ZACHARIAS

J'ai réfléchi nuit et jour depuis votre arrivée, monseigneur. Les instants de la vie me sont comptés; votre présence est une occasion tout à fait inespérée que je dois saisir.

LE COMMANDEUR

Ma présence?

HERR ZACHARIAS, préoccupé

Oui. Je voudrais vous révéler quelque chose de

prodigieux. Une chose... Oh! la plus étrange de toutes les choses! — Si vous voulez l'entendre, je dois me hâter : elle est d'un récit difficile... l'heure passe et — vous partez cette nuit.

LE COMMANDEUR

Vous êtes bien solennel pour être sérieux, herr Zacharias!

HERR ZACHARIAS

Monseigneur, je ne parle jamais qu'en pesant bien tous les termes dont je me sers. Or il est vraiment impossible d'en trouver d'exacts pour qualifier les faits que je désire vous exposer. Bref, s'il est, sur la terre, un secret méritant le titre de... SUBLIME... certes, on peut dire que c'est celui-là. Y penser, seulement... me donne le vertige... Vous le voyez : je suis inquiet — d'en parler!

Bruissement de la tempête. Il regarde autour de lui.

LE COMMANDEUR, après un instant

Ce secret nous intéresse, le comte et moi?

HERR ZACHARIAS

Tout d'abord. Puis, l'Allemagne. Puis... le monde entier.

LE COMMANDEUR, à lui-même

Ce vieux homme! — Hum! Franchise inattendue, et qui me gêne. — Quel air choisir? L'indifférence ou l'attention? — L'indifférence est préférable : il va s'efforcer de me convaincre.

Haut : Parlez. — Mais te voilà grave comme un ambassadeur d'Orient. Tu m'effrayes. — Sera-ce bien long, ton histoire?

HERR ZACHARIAS

Je crois être en mesure de vous assurer que vous n'aurez point regret si vous l'écoutez jusqu'au bout. — Avant une demi-heure, sans doute, le comte sera de retour : j'ai donc strictement le temps de tout dire, et le silence m'oppresse depuis — oh! depuis tant d'années!

Le Commandeur se verse à boire, en souriant, les jambes croisées, accoudé à la table et éclairé par les flambeaux. Herr Zacharias est debout devant le feu ; sa main s'appuie au dossier de l'autre siège. —

Baissant un peu la voix :

Monseigneur ne se souvient-il pas d'un événement extraordinaire qui s'est passé en Allemagne — et qui eut son contre-coup dans le monde, — à l'époque de la mort du comte Ghérard d'Auërsperg?

LE COMMANDEUR, souriant

D'un événement... extraordinaire ?

HERR ZACHARIAS

Oui.

LE COMMANDEUR

Je n'ai jamais rien vu d'extraordinaire sous le soleil, herr Zacharias ! — Excepté...

Soudain, comme frappé d'un lointain souvenir, il tressaille, regarde fixement le vieil intendant et demeure un instant sans parler. — Puis, d'une voix changée et grave :

Commence.

A ce mot, herr Zacharias extrait de sa houppelande une carte militaire et divers papiers qu'il déplie silencieusement, puis étale sur la table, aux regards du commandeur d'Auërsperg.

§ 2. Le récit de herr Zacharias

HERR ZACHARIAS, du ton d'un homme qui, d'abord, débite un discours écrit et appris depuis longtemps, — puis, peu à peu, s'anime et improvise

Voici des pièces et des documents ; ils reportent à ce moment précis de notre Histoire où l'évènement dont je parle se produisit. Alors nous étions sous le coup de cette invasion, qui, aujourd'hui, nous semble une sorte de rêve fatal.

Aux successives nouvelles des défaites subies par nos armes dans l'Allemagne centrale, se mêlèrent bientôt des bruits, semi-officiels, que l'ennemi préparait un soudain mouvement d'offensive retraite vers divers États situés en arrière de sa marche apparente. Aussitôt, les villes de la zone qui se crut menacée — (l'électorale et financière cité de Francfort en particulier) — commencèrent à trembler au pressentiment des exactions et des violences que la soldatesque française allait sans doute exercer, — la recrue, surtout, s'étant signalée par tant de duretés, là-bas, dans les provinces envahies ! — Napoléon semblait se dresser, à la fois, de tous côtés ; — car, avec cet étrange capitaine qui, en trois jours, se trouvait brusquement à trente lieues du point où le supposaient nos calculs, on devait s'attendre aux sombres surprises. Ce fut une épouvante : on ne se croyait même pas le temps d'utiliser l'emprunt de guerre, depuis peu réalisé. Rappelez-vous, monseigneur, l'aspect des villes centrales, ces maisons fermées, ce deuil, cette fusillade lointaine, et ces perpétuelles rumeurs du canon, — le tocsin dispersé par le vent sur toutes les routes...

LE COMMANDEUR

Passons.

HERR ZACHARIAS

Cependant, même en ces États qui s'alarmaient ainsi, l'on ignorait l'étendue réelle du péril dont, en ce moment précis, une circonstance financière des plus insolites eût encore majoré la calamité. En effet, depuis près de cinq semaines avant ces bruits funestes, un afflux de numéraire d'or, provenu, de toutes parts, d'une sorte de panique et d'un courant de confiance irraisonnés, — (ces phénomènes ne sont point rares en temps de guerre), — avait fait irruption dans les caves de la Banque nationale de Francfort.

Dépliant un papier d'aspect jauni et ancien :
En vain, pour essayer d'endiguer ce torrent, la

Banque avait-elle, dès longtemps, notifié que ses contenances ne lui permettaient plus l'encaisse qu'en espèces d'or. Voici le détail des valeurs qui s'y trouvaient alors, — entonnelées, à tout événement, sous les voûtes basses de la grande Trésorerie, — en... près de quatre cents barils de fer, scellés des sceaux de la Confédération :

Actif, or monnayé, de l'épargne publique, garantie de papier fiduciaire, immobilisés par l'interruption subite des affaires et du négoce normal de l'Allemagne : 42 millions de thalers. — Actif provenant des récentes émissions de l'emprunt de guerre : 76 millions de thalers; numéraire en or. — Sacs de dépôts précieux confiés à la ville custode, diamants taillés, joyaux de grand prix, gemmes diverses réunies en colliers et rivières, perles fines, œuvres d'orfèvrerie, montures d'art, lingots et saumons d'or pur, d'une estimation totale de 78 millions de thalers. — Envois, en espèces d'or, des banques particulières du Wurtemberg, de la Bavière, de la Saxe et des Grands-Duchés, à titre de sommes placées sans intérêts sous la sauvegarde de la cité d'État, 75 millions de thalers. — Dépôts divers des hautes seigneuries et bourgeoisies, 26 millions de thalers, toujours en or liquide. — Etc., etc. — Total de l'encaisse ainsi amoncelée dans les retraits souterrains et caveaux subsidiaires du

Trésor : environ 350 millions de thalers : soit, avec l'excédent des appoints omis, l'actif invraisemblable, démesuré, de plus de onze cents millions de francs de France, représentant la circulation tout d'un coup suspendue de plus des deux tiers des monnaies d'or, tant d'effigies étrangères qu'allemandes.

LE COMMANDEUR, préoccupé, l'observant attentivement

Oui, je sais. Poursuis.

HERR ZACHARIAS

C'est pourquoi la nouvelle d'un mouvement d'invasion vers ce point de l'Allemagne s'étant décidément accréditée, la Commission supérieure des finances de la Confédération dut adresser aux régents de la Trésorerie l'avis suivant : — « Étant reconnu officiel qu'une notable partie de ces valeurs est, nommément, d'une destination toute militaire, l'impérial vainqueur, s'il se dirigeait sur Francfort et venait à l'occuper, pourrait, en toute légalité, — se couvrant d'une préventive et défensive mesure de guerre, — frapper d'un séquestre la totalité de cet énorme actif. Or, tous recouvrements ultérieurs pouvant présenter difficultés ou contestations, quelle que fût l'issue de la campagne, — il y avait lieu, suivant l'usage en ces exceptionnelles circonstances, de prendre, à l'instant même, des dispositions d'urgence pour que fussent dirigées, sans retard, ces valeurs, sur tel point du territoire éloigné de l'action des belligérants — et situé, le plus possible, au delà des atteintes supposables de l'ennemi. » — Donc, au reçu de cet arrêté, le Conseil financier de la Banque nationale, s'étant réuni en séance secrète, choisit, pour la direction de cette grave et périlleuse entreprise, trois des plus estimés parmi les officiers-généraux présents sur des points militaires voisins de la ville ; ce furent le **général prince de Muthwild**, le **général comte de Thungern**, et enfin le **général comte Ghérard d'Auërsperg**, qui accepta le commandement. Un silence.

LE COMMANDEUR, pensif, à lui-même

Oui. C'est un fait de l'histoire d'Allemagne qui est resté, positivement, énigmatique.

HERR ZACHARIAS

A son estime, deux mille cavaliers saxons et quatre-vingts chariots-prolonges des trains d'artillerie suffisaient. Différents ordres, pour l'interception de toutes immédiates atteintes ennemies, furent adressés, sur l'heure, aux commandants des divisions environnantes. On allait s'enfoncer vers le quart-sud-ouest ; on suivrait des chemins intraversés, — le comte d'Auërsperg en tête du détachement, le comte de Thungern au centre, le prince de Muthwild à l'arrière-garde, — et, par un large circuit, l'on atteindrait la cité forte connue, seulement, des trois chefs de l'expédition.

Le soir même de cette décision, les quatre cents précieux barils de fer, sous l'étiquette collective d'engins, de munitions de guerre et de lourds projectiles, furent hissés, chargés, puis assujettis de chaînes et de cordages, sur les quatre-vingts prolonges, ceci dans la cour principale de la Banque. — Désertée, sur ordre supérieur, de tous les employés du service, elle était cernée, durant cette opération, par les escadrons d'escorte, et ceux-ci défilèrent devant le porche, recevant deux attelages par gros de cinquante cavaliers.

Sur le minuit, l'on quitta la ville aux réverbères éteints et tenue dans une complète obscurité.

— Vers quelle citadelle, convenue entre les trois commandants et les régents du Trésor, dut-on d'abord se porter?... Sans doute, ceci fut révélé en hauts lieux, plus tard. — Toujours est-il que, sur des avis réitérés d'éclaireurs, après deux jours de marche vers le sud-ouest le plus central, le comte d'Auërsperg, ayant lieu de redouter peut-être quelque survenue étrange au-devant de lui, changea spontanément d'itinéraire et, de son propre chef, au nom de l'effrayante responsabilité qui pesait sur son honneur militaire, se réserva, ne se fiant plus à personne, de ne prévenir qui de droit qu'après l'accomplissement *essentiel* de la lourde tâche acceptée.

LE COMMANDEUR, pâle et souriant

Assieds-toi, Zacharias : tu es vieux ; ce récit fatigue ta voix. Bois un doigt de ce vin — rutilant et vermeil comme tout cet or, dont tu parles ! — Cela te remettra.

HERR ZACHARIAS, qui a refusé d'un geste, en s'inclinant, et qui semble, peu à peu, se plonger en une sorte de songerie visionnaire

— Sans doute, alors, — au fond de sa mémoire, — se dressa le souvenir d'un impénétrable burg, oublié en de calmes et terribles forêts, longues d'une centaine de lieues, et dont les sentiers, familiers à son enfance, lui parurent praticables à ces étroits chariots qui le suivaient, portant une partie de la fortune de l'Allemagne ! — Sans doute se souvint-il aussi que là, dans ces mêmes forêts, un réceptacle inviolable, exfodié depuis des siècles, — un lieu de ténèbres, aux accès connus de lui seul, pouvait, au moins jusqu'à la paix pro-

chaine, garder — fidèlement! — ce qui serait
confié à ses profondes entrailles. Ce fut donc
vers ce lieu qu'il se résolut à guider — par des
routes à coup sûr isolées de toutes éventualités
d'hostiles rencontres — hommes et trésors dont
il répondait devant la patrie... Et ceci, monseigneur, — tenez! *jusqu'en cette région perdue, où
nous sommes.*

Le Commandeur a tressailli et le regarde avec une
grande stupeur.

Certes, sous l'interminable Forêt, aux environs
de ce burg, sous quelque bloc rocheux recouvert
aujourd'hui d'arbres et d'herbées, doit être cachée l'issue de l'un de ces vallonneux souterrains
creusés dès avant le moyen âge, — aux secrets
connus des seuls aînés de la grande seigneurie
militaire dont ils dépendaient, — et qui, jadis,
en cas de blocus, servaient au ravitaillement du
burg et aux sorties nocturnes... Et, se remémorant, sans efforts, le chemin de cette inoubliable
issue — qui, en ces parties montueuses des Grands
Bois, doit s'ouvrir, à l'intérieur, sur une pente
rapide...

LE COMMANDEUR, l'interrompant

Ici, je ne t'écoute plus. — Si l'on peut, en
effet, supposer que le comte d'Auërsperg, en cette

fantastique résolution que tu lui prêtes, ait pensé pouvoir enfouir, en son propre terroir domanial et sans éveiller de soupçons, ces importantes « munitions de guerre », comment croire qu'il eût osé s'en remettre à la discrétion de deux mille hommes qui, demain, certes, reparleraient, d'abord entre eux, de leur singulière besogne de la veille ? En admettant même que telle fut, un instant, sa pensée — troublée par de trop graves alarmes, - comment croire que des officiers-généraux, tels que le prince de Muthwild et le comte de Thungern, ne l'en eussent pas dissuadé, refusant de lui prêter concours ? — Tu rêves, Zacharias.

HERR ZACHARIAS, comme perdu en ses pensées et n'ayant même pas entendu l'interruption

Oui ! ce dut être à travers quelque pluvieux crépuscule encore assombri par les hautes feuillées et par les épaisseurs des halliers qu'il conduisit, à travers les larges sentes de la Forêt, — à quelque cent pas seulement du lieu précis où cet antre, encore invisible, devait, au heurter du maître héréditaire, s'entr'ouvrir — oui, — qu'il conduisit... Relevant la tête et regardant fixement le commandeur : un simple détachement, oh ! de deux cents hommes, peut-être ! — le nécessaire, enfin, des attelages ! — ayant abandonné, à distance d'une ou deux lieues des lisières, le reste de son escorte désormais inutile. — Parvenu en cette contrée inhabitée et si constamment solitaire, le cercle des dangers était franchi.

<small>Comme regardant une hallucination</small>

Au soudain cri de halte proféré par le comte d'Auërsperg, la sinueuse colonne de chariots et de cavaliers s'est arrêtée, et le comte de Thungern, quittant le centre, vient se placer devant le premier attelage. Auërsperg, ayant mis pied à terre, s'est avancé seul, assez loin, reconnaissant ses lignes d'arbres, — et, au détour de quelque antique haie de ramée et de hautes verdures, il a, tout à coup, disparu. — Personne autour de lui. — S'avançant au milieu des ombres tombées, il considère certains rocs voilés de mousse et d'herbes, que son premier regard a discernés des autres pierres chenues de leurs alentours. — Il s'est allongé entre leurs joints, dont le secret lui fut un jour transmis, étant seuls, par son père qui le tenait de l'aïeul. Et, d'une pesée spéciale, faisant crier, sous la terre, la rouille des puissants leviers de jadis, voici que deux de ces énormes roches se sont écartées, laissant à découvert l'entrée séculaire. Se redressant alors, d'un appel il amène vers lui, l'un après l'autre, sous ses ordres rapides, chacun des chariots, — qui défile, à son tour, devant la béante ouverture.

Aux lueurs des grosses lanternes sourdes subitement allumées, les trois hommes de chaque attelage, habitués aux manœuvres des canons, ont très vite accroché aux arrière-trains de leurs prolonges l'incliné plan de fer sur lequel — toutes amarres tranchées à coups de hache — glissent les barils de métal, latéralement maintenus par les montants. Ils roulent, précipités, sur la pente souterraine, et, d'eux-mêmes ainsi entraînés, vont s'engouffrer violemment jusqu'aux limites perdues de la longue caverne. Et le chariot s'éloigne, continuant la route forestière, bientôt rejoint par le suivant, — et ainsi jusqu'au dernier.

Deux heures ont suffi. Les deux autres chefs ont repris en silence les extrémités du détachement — auquel viendra, sur un point convenu, se rallier le comte d'Auërsperg. Lui, demeuré seul dans la nuit noire, a bientôt fait retomber sur l'entrée défendue, les mouvants rochers terreux qui s'en étaient écartés ou soulevés. C'en est fait! Le vertigineux trésor est bien enfoui en d'impénétrables ténèbres.

Maintenant, monseigneur, étant donnée, d'abord, cette persuasion profonde et toute naturelle que les **quatre cents tonneaux de fer** ne contenaient, comme il est d'habitude en artillerie, que des engins de plomb, de poudre ou d'acier, — que des munitions de guerre quelconques, enfin, — (comment, d'ailleurs, imaginer la vérité devant leur nombre !, — les hommes de ce détachement spécial, choisis originaires de pays saxons les plus distants du Schwartzwald, — dévoyés, dans les bois, à travers les mille tortueux chemins où, seul, le comte d'Auërsperg pouvait se reconnaître, — harassés de la longue route, inquiets d'une rencontre ennemie aux environs d'une forteresse imaginaire dont ils pensaient ravitailler les casemates, — les yeux pour ainsi dire bandés, à leur soudaine arrivée, par la pluie et le crépuscule et, à leur retraite, par la nuit, — rejoints, bientôt, par le comte lui-même, au cours de leur marche hasardeuse, — et devant être dirigés demain sur des points éloignés, au plus fort de l'action militaire, — comment tel ou tel obscur soupçon, chez un seul d'entre eux, n'eût-il pas été de toute impuissance? Et, la paix s'annonçant d'ailleurs comme prochaine, quelle spoliation pouvait être à redouter désormais ici?

LE COMMANDEUR, très calme, observant herr Zacharias

Quel ingénieux récit tu imagines là, mon cher Zacharias !.. L'Histoire, hélas! est toute différente.

Elle nous apprend que les trois officiers-généraux, dont tu parles, avaient effectivement été chargés, par le haut Conseil des finances de la Confédération, de transférer, dans une citadelle de l'ouest allemand, d'immenses richesses nationales. Contraints, par l'irradiation des troupes françaises, à des détours imprévus, les convoyeurs durent longer la frontière bavaroise, — puis s'avancer vers le centre : ceci d'après une marche pointée sur des cartes de guerre.

HERR ZACHARIAS

Sur celle que vous avez sous les yeux.

LE COMMANDEUR

Or, ce fut à plus de vingt-cinq lieues de toutes approches de cette Forêt-Noire, que, — par suite, il est vrai, d'une circonstance demeurée inexpliquée, — le général d'Auërsperg, ainsi que ses deux lieutenants, se trouvèrent ensemble, un certain jour, quelque peu en avant du convoi, — qui fut, sans nul doute, capturé par l'ennemi. Du faîte de hauteurs gardées, ils furent aperçus par une brigade, en reconnaissance, de tirailleurs français...

HERR ZACHARIAS, posant un doigt sur la carte

Voici l'endroit précis !

LE COMMANDEUR

L'ennemi, ne pouvant ainsi les faire prisonniers, ouvrit sur eux un brusque feu, continu et meurtrier, qui, sans laisser même un vivant, paraît-il, les extermina en moins d'un quart d'heure. Le comte d'Auërsperg fut trouvé frappé de plusieurs balles à la tête et à la poitrine ; et ce fut à peu près le sort de ses deux seconds. — En présence de cette plus qu'équivoque fatalité, je ne puis que convenir, avec tous, que cette incidence de guerre, jointe à la ruineuse capture ou à l'inconcevable disparition des colossales richesses... égarées... sera toujours l'une des plus extraordinaires énigmes de l'Histoire.

HERR ZACHARIAS

Monseigneur, il est avéré, pour moi, qu'une perfidie préméditée, qu'une traîtrise, d'une explosion tardive pour les Grands qui la conçurent, fut cachée sous l'apparente « fatalité » de cet assassinat militaire. — Ah ! que de fois je me suis senti sur leurs traces, au cours de l'enquête profonde que j'ai si patiemment élaborée !.. A quoi bon même, vous révéler que le livre des souches, contrôle des reçus délivrés aux noms des dépositaires, a été détruit, brûlé ! j'en ai la preuve ! — Sachez, seulement, que l'ennemi ne captura que des prolonges, *recouvertes encore, mais vides!* — que le comte Ghérard d'Auërsperg, avant d'entrer en Forêt, avait expédié à destination de combats, vers les frontières des principautés du centre, le reste de ses deux mille hommes, auxquels il n'avait plus que faire de se rallier, — au contraire! — De là, ce peu de cavaliers autour de lui durant l'événement mortel qui arriva... juste deux jours après les faits que j'ai reconstruits tout à l'heure.

LE COMMANDEUR après un instant

Sur quoi te fondes-tu pour les supposer?

HERR ZACHARIAS, baissant la voix

La surveille de ce même jour où il devait être tué, le comte d'Auërsperg est venu ici, au château, vers minuit.

LE COMMANDEUR, très pâle, se levant brusquement

Tu en es sûr?

HERR ZACHARIAS, avec tranquillité

Je me trouvais en veillée dans la salle basse du donjon, lorsque, d'abord, j'entendis le galop de son cheval qui franchissait la grande poterne, —

et que, tout à coup, je vis entrer le comte Ghérard cachant son uniforme sous un manteau de cavalerie.

LE COMMANDEUR

Ici? Lui!.. — Pourquoi?

HERR ZACHARIAS, un peu étonné

Mais, je suppose, pour embrasser dans un adieu de tendresse, qui fut suprême, celle qui devait, en des jours si prochains, lui donner un fils ! La comtesse Lisvia d'Auërsperg, alors enceinte de monseigneur Axël, s'était retirée ici, pendant cette guerre, et toujours alitée, faible et malade ; elle eut ainsi, du moins, la joie de revoir son époux avant que la mort les réunît. La fatale nouvelle du surlendemain soir lui demeura cachée jusqu'à la fin. — Peut-être, en cette visite précipitée, et si brève, le comte d'Auërsperg lui laissa-t-il quelque écrit inconnu, destiné à son fils, au cas où les périls, qu'il pressentait peut-être, laisseraient son fils orphelin. Qu'est devenu cet écrit? A-t-il même existé? Je l'ignore.

LE COMMANDEUR, qui s'est remis et qui a songé un instant

Herr Zacharias, je doute, malgré moi, quelque

peu, de la réalité de tout ce rêve !... Mais pourquoi m'avez-vous fait part d'un tel secret?

HERR ZACHARIAS

Hélas! parce que je suis très vieux, monseigneur! et que je vais mourir. — Parce que l'inaction prend ici les proportions d'un crime, — et que je n'ai pas osé emporter avec moi le remords d'avoir gardé le silence ! Parce que, d'insignifiantes indemnités ayant été votées autrefois, les reçus, rachetés ainsi, à bas prix, par les États, sont actuellement anéantis — et qu'en réalité ces trésors prodigieux *n'appartiennent plus, aujourd'hui, à personne!...* parce que mon maître, auquel j'ai tout révélé, — en détails qui rendent mes suppositions mieux fondées encore, — non seulement n'a jamais rien tenté ni projeté, que je sache, pour recouvrer ces incalculables richesses, mais a formellement interdit qu'on lui en reparlât jamais ! Parce qu'il nous a fait jurer, à moi quatrième, de n'y plus faire allusion, fût-ce entre nous seuls, même à voix basse. — Aujourd'hui, voici trois années d'enfuies depuis ce lourd serment... et jamais une parole ! Je ne sais quelle science insolite et terrible lui enseigne maître Janus.. mais ce serait, en vérité, à croire... *qu'il a oublié!* — Nul ne m'écouterait en haut lieu, moi, vieillard perdu en ces distantes forêts! — Vous, monseigneur, vous êtes puissant. Vous êtes écouté des rois! J'ai donc cru pouvoir enfreindre un serment, d'ailleurs coupable, afin que vous agissiez au nom de mon trop indifférent maître. Ainsi la gloire, la puissance et la fortune lui arriveront-elles malgré lui!... Et j'ai voulu m'acquitter de ce devoir envers la mémoire de son noble père, qui fut votre parent et votre ami.

On entend l'appel d'un cor lointain dans l'avenue.

Voici monseigneur Axël! — Prononcez, maintenant.

Il enroule en toute hâte ses papiers et les cache sous sa houppelande.

LE COMMANDEUR, qui l'a profondément regardé

Herr Zacharias, vous êtes un sage et loyal serviteur. Tout ce que je puis vous répondre, c'est que je pars cette nuit, — et qu'avant trois mois on aura de mes nouvelles en ce château.

Mouvement de joie de herr Zacharias.
— A lui-même, réfléchissant :

Ça, nous disons : ma chambre est prête, à moins d'une heure de chevauchée d'ici, par les Sentes-basses, à l'hôtellerie des *Trois-Cigognes*, — au carrefour du Wald-Kreutz ; Otto, mon valet de chambre, et les deux premiers guides m'y attendent... j'y puis être vers les onze heures et demie, ce soir. Ainsi serai-je reposé pour les six premières lieues d'étape. Demain, donc, dès l'aurore, à cheval ! Et, sous quelques jours, hors de Forêt ! Et... en chaise de poste jusqu'à Berlin ! Là, mes débris de fortune une fois réalisés, si je m'y prends avec prudence... pourquoi ne pas tenter, seul et en secret, la conquête de cette fantastique Toison d'Or ?.. O surprenante révélation !.. Si c'était vrai, pourtant !

Des pas sonnent dans le vestibule.

Plus bas, un doigt sur les lèvres :

Silence.

Paraît, au fond de la salle, Axël d'Auërsperg. — Il semble âgé de vingt-trois à vingt-quatre ans. Il est d'une très haute taille et d'une admirable beauté virile. L'élégance musculeuse et les proportions de sa personne annoncent une puissante force corporelle. Son visage, d'une pâleur presque radieuse, ressortant sous de longs et ondulés cheveux bruns, est d'une expression mystérieuse à force d'être pensive.
Il est vêtu d'un costume de cuir noir, aux boutons d'acier. Il porte un bonnet de loutre, à plume d'aigle. Carabine à l'épaule, hache à la ceinture.
Il demeure un moment immobile, au seuil de la salle.

§ 3. L'exterminateur

SCÈNE VIII

LES MÊMES, AXEL D'AUERSPERG.

AXEL

Mon cousin, je vous salue.

LE COMMANDEUR

Bonsoir, Axël. — As-tu fait bonne chasse?

AXEL, *souriant*

Toujours.

LE COMMANDEUR

Par ce temps d'enfer? Tu es donc le *Chasseur Noir!* — Entends-tu?... Gageons que l'avenue est encombrée par les démons!

AXEL, *allant accrocher sa lourde carabine entre deux des aigles du mur*

En avril, le gros temps s'éclaircit vite. — Vous persistez à nous quitter ce soir?

LE COMMANDEUR, après un bref regard à herr Zacharias

Il le faut bien ; le roi n'attend pas.

Sur ce mot, herr Zacharias, ravi, quitte la salle.

AXEL, souriant

Vive donc le roi ! D'un ton de gracieuse courtoisie : et ...à table ?

LE COMMANDEUR

Excellente idée ; je suis en appétit.

Ils s'assoient. La pluie a cessé : l'orage paraît s'être enfoncé dans les bois.

SCÈNE IX

AXEL, LE COMMANDEUR, UKKO,
puis GOTTHOLD, MIKLAUS et HARTWIG.

Ukko entre par le fond, suivi de Hartwig ; celui-ci tient, au bout de son unique bras, un lourd panier de vins ; — Gotthold et Miklaus, venus de droite, portent des vaisselles d'argent chargées de mets ; Ukko prend deux des bouteilles poudreuses et les débouche.

LE COMMANDEUR à lui-même, pensif

C'est à croire *qu'il a oublié !*... m'a dit ce herr Zacharias. — Il faut que je m'assure, tout d'abord, de ce point-là.

UKKO, remplissant à demi les hanaps de cristal

Du vin de Bourgogne.

AXEL, dépliant sa serviette

Ainsi, vous ne boirez pas avec nous le *maytrank*. C'est dommage ; vous l'eussiez trouvé, je crois, d'un frais goût de printemps, ici.

LE COMMANDEUR, de même, insoucieusement

Qu'y faire ! — A ta santé.

Il boit ; puis, considérant une venaison que découpe Gotthold :

Eh ! c'est un quartier de ragot ! — J'imagine l'avoir compris, au passage, à son fumet capiteux ! — Mais, j'y songe : le gâte-sauces aurait-il omis le poivre rouge et la vanille, en la cuisson ? (Il déguste.) — Non pas : c'est providentiel.

AXEL, à Miklaus

Un peu d'eau, je te prie.

LE COMMANDEUR, en riant et d'un ton très dégagé

En fait de sanglier, j'en ai savouré d'excellent chez le conseiller aulique Johannes Herner, le jour où, de la part de Sa Majesté le roi, je reçus les clefs de chambellan. La préparation, toutefois, différait, si ma mémoire est fidèle. Oui. Le solitaire avait exigé, ce jour-là, les truffes de France, les épices d'Angleterre et le laurier de Sicile. Festonné d'une claire gelée de coings, il nous fut délivré, tout rêveur, sur un lit de plantes aromatiques. — Axël, je recommande la recette à ton maître-queux : un gentilhomme ne saurait trop prendre souci de sa table.

Axel

Dites-moi, mon cousin : vous avez tourné bride vers le château, cet après-midi ; la chasse vous ennuie-t-elle, — ou pensiez-vous devoir ménager vos forces pour les deux cents lieues que vous allez fournir ?

Le Commandeur, mangeant et buvant

J'ai voulu dormir délicieusement aux sons lointains de ton cor infatigable, voilà tout.

Axel, de même

Et — avez-vous fait de beaux songes ?

Ukko, silencieux, verse à boire aux deux convives.

Le Commandeur, négligemment, avec une intention lointaine, *presque* indistincte

Des songes d'or. J'ai rêvé de cet ancien roi

de Lydie qui n'avait qu'à jeter le filet dans son fleuve du Pactole pour le retirer empli d'un fretin d'or massif. — Le beau rêve!

AXEL, le regardant fixement, et, après un silence, élevant son gothique verre allemand

A sa réalité!

LE COMMANDEUR, à lui-même, incertain

Hunh!... Haut, et se renversant, en souriant, contre le dossier de son siège : — Axël, je suis en passe de mélancolie, ce soir, — et ce n'est pas seulement de vous quitter. — Certes, la table est radieuse, la nappe et ces vieux cristaux de Bohême sont beaux à voir! Mais... nous sommes seuls, — et, là-bas, aux soupers de la cour, l'or se mêle si bien, sous les candélabres, au teint blanc des femmes! Leurs yeux et leurs malicieuses petites dents blanches, leurs sourires, si absurdes et si ensorceleurs, se fondent si bien avec les lumières! Les fleurs rouges, les roses surtout, vont si noblement aux noires chevelures! Et, jusqu'à la soie, baignée de leurs parfums, tout, de leur présence, enchante, d'une si invincible magie, le délire d'un beau souper! — Ah! mon cher, si tu quittais l'exil et daignais me suivre en ce monde de fêtes, de luxe et d'amours... Baissant un peu la voix et d'un ton de fatuité enjouée : — tiens, si tu voyais, ne fût-ce qu'une fois, la jolie princesse de Muthwild, par exemple?

AXEL, après un imperceptible frémissement à ce nom

Eh bien, qu'en serait-il, commandeur?

LE COMMANDEUR, à lui-même, indécis

Hunh! (Haut.) — Mais tu ne dormirais plus! Songe : une enfant veuve, spirituelle au point d'avoir attendu, les yeux baissés, la mort de son mari... avec une patience d'ange! — Le cher prince!.. D'après une légende, son père, un général estimé, aurait subi le même sort que ton noble père, s'étant trouvé surpris par un corps de tirailleurs ennemis pendant l'invasion. Race éteinte. Un silence; — Axël est demeuré impassible. — En sorte que, sans plus se remarier, la princesse Karola peut, à souhait, se divertir, en son palais de Berlin, à couvert sous ses armoiries en deuil. Et, te dis-je, si elle te laissait, une fois, — à toi, le désiré d'avance de ses festins de nuit! — si elle te laissait entrevoir le scintillement de ses yeux bleus, — et ses belles lèvres! — entre le cristal de ton verre et le flamboiement des bougies... tu en perdrais le sommeil.

AXEL, souriant

Vous pensez?

LE COMMANDEUR, en riant

Il doute!.. Ah! ne te calomnie pas ; ne réduis pas tes amis futurs à l'oisiveté.

AXEL

Sont-elles donc à ce point séduisantes, les femmes, là-bas, dans la vie?

LE COMMANDEUR

Pour la plupart. Et puis... D'un ton confidentiel — tiens, cette ivresse de les ravir à des époux ineffables — triple, en vérité, la joie de les conquérir. Tout homme, après trois amours mondaines, ne désire presque jamais plus Proserpine que si la saveur de celle-ci se pimente de la jalousie courroucée du sombre Pluton! — Je lis, dans tes yeux, une surprise qui est de ton âge ; — mais, pour nous, en bien des circonstances galantes, le cuisant supplice de qui elle est ardemment aimée constitue parfois l'attrait capital de celle qui nous préfère. Ce condiment, que toutes comprennent et qui souvent nous décide, assaisonne si bien cet amusement de haut goût qu'on appelle l'amour!

AXEL

Vraiment? — Je croyais qu'il se trouvait encore des femmes d'un cœur plus grave.

Le Commandeur

Va, toutes sont d'une charité souveraine; seulement, elles ont leurs pauvres. C'est là ce qu'on nomme la vertu, dans le monde. — Quant à leurs sentiments... (Il respire longuement une touffe de fleurs de forêts placée entre ses différents verres) — qu'importe que ces fleurs, au si voluptueux parfum, soient d'un cœur grave ou frivole?

Axel

Vous ne revenez pas à ce pâté de faisans, mon cousin?

Le Commandeur, acceptant

Austère tueur de loups, je vous dirai que, d'ordinaire, le pâté me semble le plus lourd des métaux, mais que celui-ci, conçu par une tête inspirée, justifie l'imprudence où je m'aventure! Un silence. — Et vous, Axël? je vous trouve peu mangeur et... soucieux!

Axel

Je songe que l'averse a dû creuser des fondrières, sur la route. — Ukko, tu détacheras deux des molosses, pour battre les hautes herbes devant nous. Tu selleras les chevaux vers dix heures, avec la lanterne sourde aux arçons. Je monterai Wunder.

LE COMMANDEUR

Au fait, quelle est cette heure bizarre qui sonne?

AXEL, souriant

Ce n'est pas l'heure : — l'ouragan, qui s'engouffre dans la tour, heurte le battant contre le beffroi. Mais voici neuf heures, je pense.

LE COMMANDEUR, observant Axël

Ha! ah! C'est l'heure où le marchand va dormir, « la conscience tranquille » : — les bons aïeux ne sont plus là, pour détrousser un peu sur les chemins. — Oui, jadis nous allégions parfois de leur butin, c'est vrai! les « honnêtes » bourgeois, les « honnêtes » marchands, les « honnêtes » juifs, — la fine fleur de la flore humaine, enfin! — et cela sans même nous enquérir de quelles rapines, de quelles usures et de quelles ruses leurs honnêtes économies étaient le fruit trop légitime. En vérité, je ne blâme pas outre mesure ces façons d'agir, chez les devanciers! De tout temps, ne fut-ce pas le droit du chasseur d'ôter le gibier d'entre les crocs de ses chiens? — En réalité, même, le droit dont se couvraient alors les seigneurs n'était pas celui du plus fort, mais du plus hardi!... Ils étaient un contre mille : on leur obéissait. Pourquoi? Parce que la force vient au courage, seule pierre de touche des hommes de race! Je ne saurais confondre l'honneur avec l'honnêteté.

Axel, comme sans avoir écouté

Nous vous tiendrons compagnie, Ukko et moi, jusqu'au carrefour du Wald Kreutz, car on peut s'égarer entre les lisières, ou rencontrer des loups.

Miklaus

Les carabines sont en état, monseigneur, ainsi que les épieux et les couteaux de chasse.

Le Commandeur, à lui-même, brusquement froid et sombre, considérant Axel

Allons! c'est inimaginable! mais notre herr Zacharias a raison, je crois; — c'est un insouciant qui a oublié. — Qui sait? A l'occasion, j'aurais pour moi l'obscurité, les torrents!... Les accidents nocturnes, en Forêt-Noire, sont choses naturelles : oser en finir, tout de suite, — en deux coups de feu, — nettifierait la situation. Ne suis je pas l'héritier? Et... de quel héritage, peut-être!

Axel

Où donc est Walter Schwert?

Gotthold

Monseigneur, il est allé au village renouveler des provisions pour le château.

Hartwig

Il sera bien mouillé, certes, et des loups-cerviers, en effet, par ces mauvaises nuits, rôdent...

Miklaus

Oh! Franz fait route avec le majordome : ils ont pris, avec eux, leurs armes, trois des chiens fauves, — et Rasch, le chien qui n'aboie pas.

Axel

Pauvre bon vieillard! A Miklaus : Tu feras chauffer pour lui du vieux vin de France. — Ah!.. je ne veux plus qu'il sorte si tard, à l'avenir.

Le Commandeur, à demi-voix, distraitement, reposant sa serviette sur la table

Comme tu les soignes!

Axel, après un coup d'œil vers les vitraux

Mais le ciel s'est éclairci ; voici les étoiles. — Nous reviendrez-vous, mon cousin?

Le Commandeur, relevant les yeux et le regardant

Bientôt, je l'espère.

AXEL

A votre prochain retour !

Ils boivent, puis se lèvent.

LE COMMANDEUR, souriant et avec le soudain laisser-aller d'une effusion cordiale

Axël, vous êtes décidément une heureuse nature et, — tenez ! je me décide à vous adresser, avant de partir, une question toute particulière. J'ai quelque chose à vous dire, seul à seul.

Sur un signe du comte d'Auërsperg, Miklaus et Gotthold ont transporté la table, illuminée encore, sous la voûte formée par l'escalier de pierre. — Ukko pose deux verres et un broc sur une crédence placée sous le manteau de l'âtre ; puis, aidé de Hartwig, rapproche du feu les deux sièges.

La salle est, maintenant, un vaste espace libre, où causent, en faisant les cent pas, Axël et le Commandeur. Les trois serviteurs et Ukko sortent par le fond de la salle.

SCÈNE X

LE COMMANDEUR, AXEL, seuls.

LE COMMANDEUR, à lui-même, l'examinant

Non, cet enfant ne songe même pas à ce royal secret dont il pourrait peut-être m'éclaircir le mystère définitif. — Comment lui arracher quelque indice dont l'importance lui a échappé! — Certes, il doit savoir quelque chose, à son insu! Il faudrait... gagner son entière confiance, avant toute décision.

Axel

Commandeur, je vous écoute.

Le Commandeur, toujours à lui-même

Soyons donc paternel, protecteur, bon conseiller! Rien ne saurait valoir les vieilles maximes de sagesse et de morale convenues pour éblouir les inexpérimentés et faciliter de prendre sur eux un ascendant mortel. — Le reste, quant à cette nuit même, est résolu.

Axel, souriant

Eh bien?

Le Commandeur, haut

Ah çà! — je parle, cette fois, tout à fait sérieusement, — que diable faites-vous ici, comte, en cette bâtisse ancienne, en ce burg oublié, reclus au centre de paradoxales forêts, alors qu'auprès de n'importe lequel de nos rois vous attend un avenir magnifique? — Vous avez le savoir, l'audace, l'intelligence : il est coupable à vous de vous croiser les bras entre quatre murs en ruines. En avant! Je vous somme de faire votre chemin. Vous êtes Auërsperg : l'heure a sonné de vous en souvenir.

AXEL, insoucieusement

Causons d'autre chose.

LE COMMANDEUR

Axël, j'ai beaucoup aimé votre père ; je dois parler en notre vieux nom. — Que signifie cette aveugle amitié pour votre invisible commensal, ce soi-disant « maître Janus » ? — Votre précepteur, soit ! — Voilà pas un compagnon dédommageant, — et qui doit être gai, les soirs d'hiver, si j'en crois la renommée ! — Est-ce qu'on a le droit de sacrifier ainsi l'éclat de toute une race en je ne sais quelles études...

AXEL, grave et simple

Je dois vous prévenir que j'ai transporté mon respect filial sur l'homme dont vous parlez. Mon père a connu aux armées ce compagnon de guerre, qui lui a sauvé deux fois la vie.

LE COMMANDEUR

Encore si c'était un homme vraiment capable...

AXEL, d'un ton naïf

Capable de quoi?

LE COMMANDEUR

Enfin, toi, jeune esprit, tu prodigues tes plus claires années en ces creuses investigations de la prétendue Science-hermétique! — J'ai parcouru les titres des tomes malsains de ta bibliothèque ; tu t'enivres de cette poussière humide? Tu te laisses endoctriner par un halluciné qui vit chez toi! Tu t'imagines qu'il y a encore des « sciences occultes » ?
— Mais c'est d'une candeur tellement superlative qu'elle confine au ridicule, mon pauvre cousin !
— Que tu joues au moyen âge, — soit! Ici, c'est fait exprès; la chose est innocente, et non, même, sans quelque grandeur. Mais pousser le travestissement jusqu'à rénover les souffleurs du Grand-OEuvre! à grand renfort de cornues et de matras à tubulures! rêver l'alliage du mercure et du soufre... ah ! je ne puis y croire encore. — Connais-tu l'or potable qui reste au fond du creuset?... Ta jeunesse. Allons! Au diable cette défroque usée, qui, d'ailleurs, va mal à un gentilhomme! Imite-moi. Saisis-toi de la vie, telle qu'elle est, sans illusions et sans faiblesse. — Fais ton chemin! Fournis ta course! — et laisse les fous à leur folie.

Axel

Mon cousin, je rends justice à tout ce que vous dites. — Un verre de vin de Hongrie ?

Il remplit le verre du Commandeur.

Le Commandeur

Concluons. Je m'appelle *la vie réelle*, entends-tu ? Est-ce donc en se montant l'imagination (et ceci dans des manoirs à créneaux qui n'ont plus le sens commun et ne représentent, désormais, que des curiosités historiques tolérées pour la distraction des voyageurs), qu'on peut arriver à quelque chose de tangible et de stable ? Sors de ce tombeau suranné ! Ton intelligence a besoin d'air. Viens avec moi ! Je te guiderai, là-bas, à la cour, où l'intelligence même n'est rien sans l'esprit de conduite. Laisse ici les chimères ! Marche sur la terre, comme il sied à un homme. Fais-toi craindre. Redeviens puissant. Main basse ! Il faut réussir ! Et jette aux orties et aux torrents tout ce bagage de fictions dont tu rirais aux larmes avant trois semaines, si tu me suivais dans le monde royal. Une dernière fois, je t'en adjure : viens faire ton chemin. Qui peut te retenir ici ? Tu n'as pas de secrets, je pense, ni de raisons d'argent, ni de passions ! Dès lors, **pourquoi cet absurde exil ?**

AXEL, tranquillement et s'asseyant près de la crédence

Mon cher et cordial cousin, je suis touché — jusques aux larmes, en effet — de l'intérêt que me témoignent vos paroles. Vos conseils sont d'un homme des plus diserts, — et nul doute que je n'en tire profit en temps et lieu.

LE COMMANDEUR, à lui-même

Par les démons, — l'indéchiffrable enfant !... Ah çà ! que croire ? A-t-il réellement oublié ? Veut-il se taire par instinctive défiance ? Et cette légende, même, est-elle quelque peu fondée, enfin ? Que risqué-je de l'interroger d'une façon catégorique, en ce moment ? Qu'il se taise ou qu'il parle, je serai du moins fixé ?... Voyons, tâtons au cœur.

Haut : — Laisseras-tu donc échapper toutes les occasions de réveiller la gloire de la famille, — toi, notre branche aînée ? Et ce, pour le plaisir d'ensevelir ton esprit en de nébuleuses méditations ? Ton indifférence me stupéfie. Positivement.

Un silence.

Je vois qu'il en est de mes offres, tiens..., comme de ces prétendus trésors, tu sais bien, — de ces richesses extraordinaires que mon vieil ami, le comte d'Auërsperg, ton père, eut mission de sauvegarder, lors de l'invasion française, après nos revers : trésors en espèces sonnantes, dûment entonnelées, de plus de trois États de la Confédération! — Bref, si je ne suis pas dupe, à ce sujet, d'une légende à dormir debout, brodée à plaisir, comme tant d'autres, sur un trouble mais incontestable fait historique, il paraîtrait, — hein?... que tout cela... n'est peut-être pas absolument perdu? que les quatre-vingts chariots de la Banque nationale de Francfort étaient vides lorsque deux ou trois brigades ennemies s'en saisirent, au fort de cette meurtrière escarmouche où ton père laissa la vie; — enfin, que les quatre cents barils d'or et de lingots, sans parler des caissons de pierres précieuses, ne seraient pas très loin d'ici? dans les environs de ce domaine, — que sais-je! Voyons, Auërsperg, il me semble que même une demi-certitude à cet égard méritait, au moins, d'être approfondie. Eh bien, qu'as-tu essayé, tenté, cherché, imaginé? Rien, paraît-il!... Cependant, je l'avoue, en fait de rêves, celui-là n'était pas indigne d'un peu d'attention, car le fait historique, dis-je, lui constituait un fond de réalité ; et, sur cette base, reposait une affaire qui, *même incertaine, mais bien conduite,* pouvait — et peut encore — devenir plus qu'avantageuse pour nous. Écoute! je suis ton parent, ton aîné, ton ami; notre cause est la même; tu peux donc t'en

ouvrir à moi? J'ai appris cette histoire, ma foi, par hasard, aujourd'hui même. Pour Dieu, rassemble bien tes souvenirs, avant que je ne parte!
— Qu'y a-t-il de strictement vrai, dans tout cela ?

Pendant ce discours, Axël a regardé le Commandeur avec une grande fixité. Il se lève et se dirige vers la porte du fond de la salle.

AXEL, tranquille

Un instant, commandeur, je vous prie. — Appelant : — Herr Zacharias!

Le commandeur d'Auërsperg, redescendu vers l'âtre dont les hautes flammes l'empourprent soudain d'une grande lueur, se verse à boire.
Herr Zacharias paraît, au fond de la salle, suivi de Ukko.

SCÈNE XI

LES MÊMES, HERR ZACHARIAS et UKKO.

UKKO, à part, souriant, après un coup d'œil sur Axël

Tiens, le tonnerre va tomber, ici.

HERR ZACHARIAS

Monseigneur m'appelle ?

AXEL, à demi-voix

Viens auprès de moi.

Herr Zacharias s'approche ; Axël le regarde en silence : — puis, à voix basse :

Tu as parlé !

HERR ZACHARIAS, après un instant

Au nom de votre race, que je sers depuis quatre-vingts ans, monseigneur, j'ai osé vouloir sauver de l'oubli, avant de mourir, l'énorme trésor !

AXEL, avec un effrayant regard, et sourdement

Paix !.. A Ukko, très bas : Deux épées. Et que, dans un instant, Gotthold, Miklaus et Hartwig soient ici, en leurs anciens uniformes, avec des flambeaux, — et aussi leurs vieilles épées. Silence.

Herr Zacharias sort, en chancelant, par le fond de la salle. Ukko disparaît, à droite, après un signe d'intelligence au comte d'Auërsperg.
La fin de cette scène s'est passée auprès du seuil, inentendue de Kaspar d'Auërsperg. — Depuis quelques instants, l'orage du dehors, après l'accalmie, a repris son intensité. La pluie recommence à bruire aux vitraux et il éclaire.

SCÈNE XII

AXEL, LE COMMANDEUR, — puis UKKO et les TROIS SERVITEURS MILITAIRES.

LE COMMANDEUR, assis, le dos tourné, et se chauffant

Comte, soyons positifs, soyons sur la terre. — Je prends sur moi d'appeler utilement l'attention des souverains du Wurtemberg, de la Bavière et de la Saxe, sur l'éventualité d'un recouvrement de ces invraisemblables richesses disparues. Et si, comme je le veux admettre, il y a quelque chose d'effectivement sérieux au fond de toute cette spécieuse histoire, je me fais fort, entendez-moi bien, d'en tirer une fortune plus que princière pour nous deux. Aubaine qui serait deux fois miraculeuse, d'ailleurs : car je suis ruiné, mon cher, et les quelques milliers de florins que tu consens à ne point me disputer dans l'héritage de notre dernier cousin, Wilferl d'Auërsperg, représentent, pour moi, la fumée que produiraient quelques gouttes de ce vin doré sur cette pelle rouge. Voyons! Ne te souviens-tu pas de quelque renseignement, apparu, comme une lueur, en des causeries avec tes forestiers, — touchant, par exemple, les issues possibles des antiques souterrains de cette partie montueuse de la Forêt-Noire? Quoi! ce détachement, d'environ deux cents hommes, circulant dans les bois, n'a laissé, dans les vieilles mémoires du pays, aucune trace d'un temps d'arrêt quelconque, telles précautions que l'on se soit avisé de prendre? N'as-tu jamais rien entendu dire, même de vague, à ce sujet? rien relevé dans les papiers paternels... dans les titres secrets des ancêtres? C'est inouï, enfin! Songe qu'étant donnés : 1° la certitude de la persistance de ces fabuleuses valeurs, et 2° un ou deux points de repère, établis d'après des traditions particulières ou locales, il est hors de doute qu'en les appuyant de certains calculs familiers à tous les ingénieurs militaires, un crédit, fût-il de cinq ou six millions de thalers, serait obtenu sous quelques jours. Et je dis qu'avant deux mois, au plus, — trois, quatre même, si tu veux, — de travaux et de fouilles sérieuses aux environs de ce burg, en employant, s'il était nécessaire, jour et nuit, un millier de nos mineurs... Songe au glorieux et lucratif résultat de cette exceptionnelle aventure! Ce serait un cri dans toute l'Allemagne! Parle.

Il se détourne et voit le comte d'Auërsperg debout, sombre, les bras croisés, — au fond de la salle.

Eh bien, qu'est-ce? qu'y a-t-il donc?

Rentre Ukko. Le jeune page montre silencieusement à
son maître deux épées de combat, qu'il tient par le
milieu. Gotthold et Miklaus, en leurs anciens uniformes de cuirassiers blancs, apparaissent, au fond de
la salle, élevant chacun une torche en leurs poings
gauches et tenant une épée nue de la main droite.
Hartwig tient une épée de sa seule main. Les cri-
nières jaunies des casques se mêlent aux poils des
moustaches blanches.

En silence, ils viennent se placer, debout, chacun
devant l'une des trois portes et demeurent immobiles.
Le Commandeur, un peu surpris, les regarde.

Or çà, mais — s'agira-t-il d'une cérémonie fan-
tastique?... Est-ce que, par hasard, ton « maître
Janus » va nous faire voir quelque beau sortilège?
Ce serait une attention charmante.

Il se lève.

SCÈNE XIII

AXEL, LE COMMANDEUR, GOTTHOLD.
HARTWIG, MIKLAUS, UKKO, puis, à la fin,
MAITRE JANUS.

AXEL, s'approchant du commandeur et le saluant

Mon cousin, vous avez tenu, tout à l'heure, des
propos familiers qui m'ont offensé. Vous allez m'en
donner, sur-le-champ, réparation. Vous cessez
d'être mon hôte. Comme terrain de combat, cette
salle est excellente, surtout par ce mauvais temps.

LE COMMANDEUR, après un silence

Écervelé, tu as la fièvre !

AXEL, continuant

Vous vous êtes acquis, en Allemagne, un renom de magistrale habileté à l'épée, monsieur ; elle sera donc notre arme. — Nous nous battons sans merci ni trêve...

LE COMMANDEUR, l'interrompant

Quoi ! l'on se prête de la sorte au subit accès de démence dont vient d'être atteint le comte d'Auërsperg ?

AXEL, achevant paisiblement sa phrase

... à outrance : à mort.

LE COMMANDEUR bref et hautain

A quel propos ?

AXEL

Oh ! fort souvent, par aventures de voyage, on se trouve obligé de mettre l'épée à la main, soit au détour d'une grande route, soit au fond de la venelle d'un bourg de hasard... à propos d'une querelle sans cause bien précise, — d'une simple agression. Je n'ai donc pas à motiver outre mesure la brusquerie de ma provocation, surtout vous offrant un duel parfaitement régulier d'ailleurs.

le Commandeur

Bah!

Axel

Jugez-en. Moi debout, vous ne sortirez pas de cette salle; mais il vous suffira, n'étant prisonnier que de ma seule présence, de me toucher grièvement pour que passage vous soit livré sans autre obstacle. — L'avantage vous restant, je suppose, mais vous ayant coûté quelque blessure, les mêmes soins qu'à moi-même vous seraient prodigués sous mon toit. — Sitôt valide, vous seriez accompagné jusqu'aux limites de cette terre, sans qu'aucune marque de ressentiment vous fût témoignée par les miens. — Vous ne pouvez récuser les seconds ici présents : ils sont chevaliers de la Croix de Fer ; — ni mon page : je me porte garant qu'il est de race aussi loyale que valeureuse. Ces témoins, donc, tiendront, sur l'honneur et sur leur foi, sans l'éluder ni l'altérer d'aucun artifice, la parole que je vous donne... et qui est celle de leur seigneur et ami.

Se détournant : — **Faites serment.**

Les lueurs des lames et des torches, qui frémissent aux poings des vieux soldats font étinceler l'acier des cuirasses. Enfin, tous les trois étendent silencieusement leurs épées. — Ukko, sur un regard impérieux d'Axël, lève sa main droite après une sorte d'hésitation farouche.

C'est juré.

UKKO, simplement, mais d'un ton grave

A contre cœur.

LE COMMANDEUR

Suis-je assez bien entouré? — Ah çà! mais... c'est un coupe-gorge que votre bâtisse, mon cousin? L'on met, du moins, un écriteau pour prévenir les voyageurs, que diable!.. Certes, je ne saurais décliner, jamais, une rencontre, — même en des conditions pareilles : — cependant, le moyen de prendre au sérieux ce tragique apparat, d'un suranné des plus choquants? Vraiment, cela vise à certain effet d'épouvantail dont ne s'émeuvent guère les gens d'épée. Pour ma part, je ne puis me défendre d'en sourire quelque peu. — Croyez-moi, cessez, au plus vite, une parade — qui vous serait déjà devenue funeste... si j'étais un pourfendeur d'enfants.

AXEL, impassible

Au cas où j'aurais la main malheureuse, vous

prendriez place en bas, dans l'enfeu de la famille.
— Toutefois, sur l'acte qui serait bientôt notifié de votre imprévu décès à votre roi, vous seriez porté, je dois vous en prévenir, comme disparu dans quelque gave de ces longues forêts.

<small>Indiquant une plume, de l'encre et un parchemin sur l'un des noirs établis encombrés, à la droite de l'âtre :</small>

Si donc vous avez quelques dispositions à prendre, hâtez-vous de les écrire, s'il vous plaît.

<small>Le Commandeur hausse les épaules, se croise les bras et le regarde.</small>

Non? — C'est au mieux.

<small>Il marche vers Ukko ; le page lui remet les deux épées. — Revenu en face du Commandeur, il les lui présente par la poignée :</small>

Choisissez.

LE COMMANDEUR, <small>avec une impatience irritée et hautaine</small>

Faites-moi place !

AXEL, <small>froidement</small>

Faites-vous place.

LE COMMANDEUR, <small>ayant saisi, à tout hasard, l'une des épées, — sourdement</small>

Prends garde!

Axel, tranquille

En garde.

Le Commandeur

Une dernière fois, par le nom que tous deux nous portons, je vous somme de formuler vos griefs contre moi.

Axel, à demi-voix

Haut, les torches !

Le Commandeur

Vous vous taisez ?

Axël, qui, l'épée à la main, s'est éloigné, pour prendre champ, ne répond que d'un léger signe de tête affirmatif.

Lâcheté !

Les éclairs, à travers le fenestrage, se mêlent, dans la haute salle, aux lueurs des torches et des épées. — Lointains grondements de la foudre. — Axël, après un tressaillement, s'approche du Commandeur.

Axel, calme et terrible.

Regarde-moi bien, les yeux dans les yeux. Quel autre sincère contact fut jamais possible, entre nous, que celui des épées ? Pensais-tu me toucher, quand tu me serrais la main ? Voir mon vrai visage, quand je te souriais? Tes inconvenantes et indigentes paroles, je devais les tolérer d'un hôte assis à mon foyer... mais, en moi-même, j'écoutais d'autres voix que la tienne.

Je t'ai entendu, cependant, comme on entend les cris vagues des animaux, au loin, dans les bois. — Oh! ne tressaille pas : ne tourmente pas cette épée : inutiles simagrées devant nous.

LE COMMANDEUR, faisant siffler la longue lame

Insensé! je...

AXEL, impassible

Tout à l'heure. Par trois fois tu m'as défié de répondre. Ne m'écoute pas, si tu veux : est-ce donc pour toi seul que je parle!.. Pourquoi m'inquiéterais-je de ton inattention, — alors, surtout, que tu ne saurais me comprendre!.. Mais tiens-toi pour prévenu : ton inconsidérée jactance vient de te faire perdre le droit de m'interrompre, et l'usurper, désormais, ne serait que faire preuve, à nouveau, d'un goût téméraire qui pourrait finir, par conséquent, par fatiguer ma générosité. Donc, moins de bruit : — et voyons, un peu, qui nous sommes, puisque tu l'as voulu.

Un silence, que troublent seulement les bruits de l'averse et du tonnerre. Le Commandeur se croise les bras, comme se résolvant, en curieux, à l'impassibilité.

Toi, qui décrètes si volontiers la « démence » d'autrui, quelles preuves de bon sens nous as-tu données ! — Tu m'exhortais à « chercher fortune », t'offrant comme *exemple à suivre* : or, l'instant d'après, tu m'avouais ta ruine !... Avant de le prendre de si haut, que ne commences-tu par guérir ton entendement d'une prétendue sagesse qui ne sut te conduire qu'à de tels résultats ?

Mais non ; tu t'estimes un esprit trempé d' « expérience », clairvoyant et fort, n'est-ce pas ? et tu penses pouvoir toujours mesurer, victorieusement, d'un sarcasme, l'effort des conceptions qui te sont inaccessibles, des sciences qui te sont interdites, des entretiens dont la beauté sereine et sévère, ne pouvant te sembler que stérile, te demeure à jamais ennuyeuse, c'est-à-dire défendue.

Cependant, par quels si avantageux sujets de causeries remplaces-tu, si souvent, l'intérêt que comportent, peut-être, ces choses ? Par le grave examen des épices d'une sauce ou par des cantiques sur la saveur d'un pâté ! — Vraiment, pour insignifiant que puisse être, à ton juger, l'objet de mes études favorites, l'on ne voit guère en quoi j'ai dû, ce soir, tant gagner au change en t'écoutant.

Continuons. — Lorgnant on ne sait quels fantômes à travers le verre d'un souper, tu raillais la salubre illusion de ma foi dans le seul amour conjugal, — oui, le seul qui mérite le nom d'amour.

Cependant, qu'exaltais-tu donc, au mépris de ce juvénile, virginal et si légitime rêve, qui s'imposait bien, tout d'abord, sinon à ton « respect », — (tu me sembles peu digne d'en éprouver devant quoi que ce soit au monde) — au moins à ton silence?

— Ah! d'écœurantes joies : celles du vil adultère. En sorte que, sous le toit sacré de ma mère, tu me faisais rougir, et qu'à ce moment je me suis senti comme honteux, devant ces chastes fleurs, de la hideuse façon dont tu les as respirées.

Par exemple, tu faisais sonner, sur un mode altier, le titre de gentilhomme; tu prononçais même ce mot presque à tout propos, comme un bourgeois. — Cependant, par quelle preuve d'origine généreuse ou d'intime seigneurie sanctionnas-tu, sur l'heure, cette infatuation, oiseuse ici?... Tu t'es étonné de me voir soucieux d'un bon serviteur, vieilli dans ma maison, et qui marche encore, à cette heure, perdu, sous l'orage, au milieu des dangers de la nuit, pour mon service.

Enfin, dans cette demeure, dont tu ne daignas que persifler le deuil, l'âge et la gloire, — alors que tu dois au seul héroïsme des aïeux dont les présences l'ont bénie d'être le peu que tu sembles,

— tu me proposais, si j'ai bonne mémoire, d'asservir, à ta suite, l'intégrité de mon intelligence et de mes jours dans le néant de mille intrigues risibles, d'aller bâiller, à tes côtés, en la diversité de princières antichambres, et tu nommais cela « faire son chemin ». Pour toi, c'est possible. Tu suis les goûts de ta nature. Elle n'est pas la mienne, voilà tout. Passons ! — Mon chemin ? voici des siècles qu'il est tracé. Comment prétendrais-tu m'en faire dévier par tes conseils, alors que (fût-il de ceux auxquels tu songes !) zéro, d'après tes aveux mêmes, se trouve être, à peu près, la somme ronde et le résultat « positif » où t'ont conduit, en fait de situation dans l'État, d'influence, de considération réelle, de renommée illustre et de fortune, tes sagaces et sceptiques maximes, creuses comme des coquilles de noix rejetées par des singes ? Moins d'arrogance, et ne traite, ici, d'insensé que toi-même. — Si tu ne fus pas à la hauteur... même de tes mesquines ambitions, n'en accuse pas le hasard : il est innocent de ta suffisante incapacité... à moins que tu ne veuilles lui faire un crime de ton existence.

Le commandeur d'Auërsperg le considère avec le sourire d'une indifférence dédaigneuse. Tous deux apparaissent, miroitant comme au milieu d'une forge, au centre des incessants reflets du foyer, des torches et des éclairs.

— Va, je sais qu'aux yeux de la plupart des humains, rien ne semblerait justifier la soudaine et brisante dureté de mes paroles, Avec un sourire singulier : car, enfin, n'est-ce pas? prendre plaisir au festin d'accueil et le dire, de belle humeur, à son hôte, en élevant un verre joyeux, — parler avec amour des douces femmes lointaines, — se délecter, avec une sensuelle ivresse, de ces aromales fleurs de forêts, — laisser, une fois ou deux, vibrer, en l'envolée d'une parole amie, la fierté d'un noble sang, — s'avouer, — même sans modestie! — peu soucieux des conceptions ardues et des vastes pensées, — rappeler, avec la courtoisie mesurée qu'une sympathie toujours inspire, quels destins semblent oubliés par celui dont la jeunesse déjà s'exile... sont-ce là des crimes de lèse-hospitalité? Pourquoi donc ces sujets de causerie, si aimables et si attrayants en eux-mêmes, sont ils devenus, entre nous deux, tout à coup, quelque chose de si... sombre?

Tu m'assurais d'une « familiale amitié », d'une « entente sincère », d'un « dévouement à l'épreuve », d'une « aide cordiale », d'une « expérience de milieux souverains dont tu me laissais disposer », que sais-je encore! de joies, d'amours brillantes, et de lumières! — et de femmes rieuses dans les festins!... Tous ces mots, si captivants à cause des intrinsèques images qu'ils sont censés contenir et magnétiquement effluer, — oui, c'est vrai ! tu les as prononcés ! — les enveloppant même des élégances d'emprunt de ta manière, acquise au frôler des courtisans.

Ici le comte d'Auërsperg est obligé d'élever la voix pour dominer l'effroyable et croissant fracas de la tourmente.

Mais, sous le voile de ce dont il parle, nul ne traduit, n'évoque et n'exprime jamais que lui-même.

Or, conçues par toi, imbues de ton être, pénétrées de ta voix, par ton esprit reflétées, les choses de ces paroles, à leur ressortir de ta nature et de toi proférées, ne m'arrivaient, incarnées en l'intime de ta présence, que comme autant d'effigies de toi-même — frappées en des sons neutres d'une vibration toujours étrangère à leur sens, et le démentant.

Car ces choses, fictivement incluses en des mots qui, par eux-mêmes, ne peuvent être, jamais, que virtuels, — ne me semblaient plus, songées par toi, que d'une *prétendue* identité avec celles, — du même nom, — dont la vivante illusion verbale m'eût peut-être charmé. Comment, en effet, les *reconnaître !* Sèches, répulsives, inquiétantes, glacées, — hostiles, dès lors, à ces noms mêmes qu'elles avaient l'air d'usurper sur ta langue pour m'abuser, — je ne ressentais d'elles, en tes dires dénués de leurs images *réelles*, qu'une odeur de cœur desséché, qu'une impression de cadavérique impudeur d'âme, que le sourd avertissement d'une constante arrière-pensée de perfidie. Et, ce triple élément, constituant, à mes yeux, l'air interne, exclusivement pour toi respirable, de ton hybride, ambiguë, éteinte et tortueuse entité, tes paroles ne résonnaient que... comme des vocables troubles, ne traduisant que l'atrophie innée en toi, des choses mêmes dont ils prétendaient me suggérer le désir. En sorte que, sous les captieux voiles de ta causerie ainsi brodée de ces beaux mots-spectres, sache que toi seul, — morne et chatoyant convive ! — m'es apparu.

Kaspar d'Auërsperg, les sourcils à peine froncés, mais le visage très blême, continue de regarder Axël, sans décroiser les bras, en silence.

Cependant, que m'importait ! Étais-je donc ton juge ! Avais-je à te condamner? à t'absoudre? — Voici, d'ailleurs, que l'heure sonnait, pour le chambellan, d'aller reprendre sa chaîne, de s'en retourner vers ses... plaisirs, — de délivrer ma solitude, en un mot, de son ombre insignifiante.

Mon devoir, légué par les miens, n'était donc
plus que de lui cacher tout à fait le grave désennui
que me causait son adieu. C'est pourquoi j'allais
te conduire à mon seuil, avec bienveillance et
bons souhaits de voyage. Tu n'étais pour moi
qu'un passant comme les autres, ayant droit à la
déférence due à la forme humaine. — Enfin, on
salue bien les morts!

Soudain, je m'aperçois que tu as utilisé tes
loisirs, ici! — et que tu as surpris l'un des plus
importants secrets de ma maison.

Le Commandeur, à ces mots, a tressailli, puis regardé
avec stupeur le comte d'Auërsperg : il demeure
comme un peu éperdu, la bouche à demi béante.

LE COMMANDEUR, à lui-même, en frémissant

Ah! c'est à cause de cela!.. Quoi, — c'est donc
vrai !

AXEL, d'une voix si rude et si sourde, qu'elle semble,
par instants, comme un rauquement de lion

Vraiment, tu as remué là une cendre brûlante.
Tu ne devais ni t'enquérir ni écouter! C'est un
malheur pour toi d'avoir cédé à ces tentations.
Tu t'es attardé en espion, dans ce logis. — Mon
lourd secret, je m'oppose à ce que tu l'ébruites,
étant le dragon qui le garde. — Ayant lu, d'ail-

leurs, en tes yeux, le dessin de m'assassiner, tiens! cette nuit, — (afin de plus librement pouvoir atrophier encore tout ce grand rêve en quelque louche entreprise) — je me riais, sûr de t'y prendre, de ton « départ » — Oui, deux fois, à table, j'ai discerné ce beau projet dans ta voix de malfaiteur brillant — et j'épiais tes basses pensées sous mon masque distrait.

LE COMMANDEUR crispant le poing sur le pommeau de son arme, et presque à lui-même

Quoi! ce hâbleur-ci forme le dessein de s'arroger, en totalité, cette éblouissante montagne d'or!.. Inquiétons, d'abord, ces soldats.

Se remettant, — puis, sans transition, avec une intonation sèche et rigide

D'aussi emphatiques injures ne sauraient me trouver qu'indifférent. Je tiens une épée — et, tout à l'heure... Toutefois, je dois raisonner, d'abord, d'un peu moins haut, s'il vous plaît, — m'apercevant, à vos propos, que vous êtes hors la loi. Vous recélez, ici, par héritage, un dépôt de considérables valeurs nationales. Déjà criminel, envers l'État, de les avoir aussi longtemps immobilisées, le premier Allemand venu peut vous sommer de restituer ces trésors à votre pays, comte d'Auërsperg! Détenir, ici, c'est dérober.

AXEL, après un instant de vague surprise

— Hein!.. D'où sort ce juge austère? — A table, il nous vantait, avec feu, ces traditionnels seigneurs de grands chemins qu'il était fier d'appeler les « aïeux » et dont il exaltait les brigandages. — A présent, voici qu'il tient des discours d'homme de robe et nous prodigue des leçons de probité. Que peut signifier ce noble changement de front?

LE COMMANDEUR, avec un froid sourire

Mes paroles furent une épreuve — bien fondée, semble-t-il. Ainsi, vous méditez le rapt de ce dépôt confié à votre honneur filial?

AXEL

Et, tout à l'heure, ce probe conseiller m'incriminait de ne jamais avoir tenté rien pour l'accomplir. Mais, c'était encore une épreuve, n'est-ce pas?

LE COMMANDEUR

Osez donc prouver que je vous calomnie en restituant, dis-je, à l'Allemagne...

Il s'arrête.

AXEL, souriant

Ose donc, toi-même, achever!

LE COMMANDEUR, *se mordant un peu les lèvres*

Oh! vous n'êtes **seulement** tenu qu'à révéler officiellement...

AXEL., *après un haussement d'épaules*

Tout à l'heure, mon devoir était de *restituer* non seulement ce que je ne possède pas, mais ce dont l'existence même est incertaine! A présent, — que, simplement, je *révèle* — et je suis absous.

Le comte d'Auërsperg, avant de forcer, d'un outrage direct, l'immédiat engagement des épées, s'est détourné vers les trois vétérans, sans doute pour quelque ordre définitif.
Soudain, les ayant regardés, il tressaille..
Certes, aux accents de l'éruptif réquisitoire du jeune seigneur, ils ont frémi d'une commotion sacrée et, dans le trouble de leurs entendements, ils ont, même, confondu, parfois, les sons de bronze de ce verbe avec les éclats de la foudre. — Le redoutable adversaire, aux yeux froids, au ton de spadassin, comme ils le haïssent! Ah! si forcené que puisse être le combat, tout à l'heure, ils sont pleins d'une aveugle foi dans la bonne issue victorieuse!... — Cependant, aux dernières paroles du commandeur, une ombre est tombée sur les loyales figures: une inquiétude, qu'ils n'osaient s'avouer depuis des années, vient de s'attester en leurs consciences demeurées droites et simples.
En effet, ce qui vient d'être dit, étant plus à la portée de l'humble rudesse de leurs jugements, leur paraît, quand même, cacher une vérité grave, — à laquelle, par respect pour l'infaillible et inviolable honneur du

jeune maître, ils se sont toujours abstenus de penser. Ils s'entre-regardent : ils donneraient leur sang pour qu'il daignât répondre.

C'est pourquoi le comte d'Auërsperg, qui a surpris ce coup d'œil, vient de comprendre l'obscure intention de son adversaire, qu'il considère, maintenant, avec une fixité terrible.

Et, pendant un long moment, le cyclone s'étant éloigné, l'on n'entend, dans la haute salle, que le bruit de la pluie, torrentielle et continue, qui s'écrase, par bourrasques, sur les vitraux.

Après une violente lutte intérieure :

— Soit!...

Montrant, de l'épée, les vieux soldats :

C'est à cause d'eux, à cause d'eux — seuls ! entendez-vous ! que je condescends à répondre sur ce respectable terrain « légal » d'où vous m'adressez, en vue de scandaliser ces hommes, des arguties de tabellion lorrain. — Je ne redoute guère l'ombre de ces battements d'ailes de chauve-souris, moi.

— Soldats qui êtes nos témoins, encerclez vos torches aux porte-lampes des murailles — et soyez juges.

Il se dirige vers l'un des sièges, s'y assoit et s'accoude, de droite, à la table encore en lumières : il tient, allongée, son épée nue entre ses jambes croisées, appuyant la main gauche sur le pommeau.

Gotthold, Miklaus et Hartwig ont obéi. — Maintenant

ils sont immobiles, la main droite appuyée sur leurs longues épées.

Ukko vient s'accouder au dossier du siège d'Axël.

— Je prétends être EN DROIT d'en user à ma guise, ici, quant aux faits que l'on vient de reprendre en ma conduite — et j'accepte, si bon semble, l'interrogatoire.

LE COMMANDEUR, impassible, l'épée au poing,
demeuré debout au fond de la salle

Je disais, monsieur, qu'il serait, pour vous, du plus élémentaire devoir d'aviser, à l'instant même et avant toute rencontre, l'État dont vous relevez et qui, protégeant, ici, votre hérédité, vous permet d'y parler en maître. Vous êtes son sujet et, comme tel, vous devez saisir, d'un avertissement, soit ses hauts trésoriers, soit ses princes, soit, enfin, ceux de ses représentants qui, sanctionnant, en son nom, la Probité de tous, le formulent et en sont les mandataires.

AXEL, détaillant très froidement ses paroles

Oh! si leurs pareils se fussent dispensés, jadis, de faire massacrer mon père, afin de ressaisir, en sous-œuvre et à leur tout personnel profit, le Trésor officiellement confié par eux à son épée, — et dont leur traîtrise laissait, quand même, responsable sa mémoire militaire, — les insignes valeurs dont vous parlez seraient, depuis longtemps, en mains légales. On oublie qu'ici, moi seul ai le droit d'accuser! — Or, l'État — si ces personnages en furent les mandataires — est solidaire de cette action. Par suite, sa Probité (qu'ils représentaient) gît, morte, parjure et vaine! annulée, enfin! à mon seuil... Il est donc assez légitime que les liens de mes devoirs envers cet être de raison, — limités à ce calomnieux homicide dont il ne saurait me dédommager, — se soient quelque peu détendus. — C'est pourquoi la reconnaissance que prétendrait encore m'inspirer ou m'imposer l'engeance des meurtriers ne contraint guère ma conscience, je trouve, de consacrer... ne fût-ce qu'un instant de loisir... à rédiger des « avis » de nature à réparer, pour la joie des consorts, la maladresse du crime.

LE COMMANDEUR, tranquille

Quoi! ne serait-ce pas une haute occasion pour vous, au contraire, d'actionner l'État lui-même, en lui signifiant la très spécieuse éventualité qui se présente? Cette occasion, pour quel motif la laissez-vous échapper?

AXEL, toujours d'un ton bref et glacé

L'État, — qui m'a donné ici, de déconcertants exemples, — s'étant permis, toujours à mon

détriment, de clore définitivement cette affaire
par un arbitraire décret qui abroge, sans appel,
jusqu'à mes droits d'accusateur, — je n'aurais désormais, en aucun cas, à lui faire part de plus ou
moins chimériques hypothèses... qu'il n'a plus
qualité pour entendre, qu'il s'est interdit lui-même
d'écouter.

LE COMMANDEUR

Vous héritez, envers tous, d'un devoir inaccompli !

AXEL

Allons donc ! L'intégrité vous égare ! Au soldat
mort pour son devoir — aucun État — et le mien,
ici, moins que tout autre, il me semble ! — n'a rien
à réclamer de plus. Accomplie ou non, la tâche
est terminée : et l'enfant de ce soldat n'hérita
jamais des affaires de service militaire du défunt.

LE COMMANDEUR, entre de lourds bruits de tonnerre

Il est des cas exceptionnels, imprévus, où tout
gentilhomme est tenu, par sa seule noblesse, d'en
déférer à son roi, dont le jugement est, seul, sans
appel.

AXEL, d'une voix lente, grave et amère

On oublie qu'il a prononcé. Qui suis-je, au dire
même du roi ? « Le rejeton de celui dont l'*équivo-*

que et trouble incapacité perdit sans retour la plus riche épargne de l'Allemagne. » Verdict proféré sur des semblances et sans enquête — (pour causes, d'ailleurs!) — devant un nom qui résume sept siècles de hauts faits. — En supposant que cette étiquette, inscrite, sur ce nom, par le roi, ne me dégage pas de toute déférence envers la téméraire majesté de celui qui n'hésita pas à m'en offenser, je prétends qu'elle ne me permet plus, en toute dignité, de lui notifier... ce qui ne saurait jamais être qu'une officieuse et secrète *confidence*. Car celle-ci prendrait, aujourd'hui, l'implicite caractère d'un démenti formel au jugement dont il osa ternir, à l'étourdie, l'auguste mémoire de mon père. Or, *sur quoi* serait fondé ce démenti? Sur des *suppositions*, d'une autorité aussi contestable que celle de mon très vieil intendant, herr Zacharias?... Ah! je dis que la loyauté la plus ombrageuse ne m'oblige nullement à risquer de me couvrir d'un aussi stérile ridicule. J'ai d'autre emploi de mon temps.

LE COMMANDEUR, lentement

Ainsi, j'en prends acte, pouvant éclairer votre roi, d'une parole mesurée et sérieuse — qui dissiperait, peut-être, l'ombre que laissera, dans l'Histoire, le nom de votre père, — vous vous y refusez?

Axel

Semblances de raisons étrangères dont une réflexion de la plus légitime prudence met à jour la vanité!... Voici, en effet, non pas en songes, mais en fait, l'alternative, quant à mon devoir filial.

En supposant qu'après des recherches — tentées, à grands frais, sur la foi d'une sorte de douteuse légende, — ces problématiques richesses demeurent introuvées, il ne rejaillirait de ceci, sur le nom paternel, que sarcasmes irrités, propos de cupidités déçues, arrière-pensées se faisant plus calomnieuses à l'égard de mon père, étant donné, surtout, le jour nouveau sous lequel apparaîtrait sa mort, — l'universelle erreur ne pouvant que s'en aggraver.

En supposant les richesses brusquement recouvrées, comme leur découverte entraînerait des flétrissures inévitables — et du plus « fâcheux » scandale — en ce qu'elles atteindraient sûrement la sécurité, la confiance et l'honneur publics en leurs plus « officiels » représentants, voici, à peu près, la teneur de ce que — au témoignage du Passé tout entier — la Raison d'État, qui prime toute équité dans les causes de cet ordre, et que vous passez sous silence, dicterait, insensiblement, à l'Histoire : voici ce que pourrait apprendre la postérité :

*On ne sait encore à quelle fin le général
d'Auërsperg, peu de jours avant de tomber à
l'ennemi, prit sur lui, — s'entourant de précautions qui confondent et déconcertent, — d'ensevelir, au plus secret de l'un de ses plus reculés
domaines, les immenses valeurs dont il s'agit.
L'Histoire ne saurait être fixée sur les mobiles
qui le déterminèrent à cette occultation des de-
niers de l'Allemagne. — Toutefois, son fils, Axël
d'Auërsperg, par sa noble* restitution, *sut faire
oublier ce que l'inconséquence paternelle offre,
ici, d'irrégulier et même d'étrange, — et qui
avait, un moment, obscurci le blason, jusque-là
sans ombre, de cette illustre famille.*

Oui : tel serait le radieux surcroît de renom
dont j'aurais su rénover la mémoire de mon hé-
roïque père. Or, ma piété filiale, plus sagace que
vos conseils, m'avertit qu'en de telles circonstances, il ne serait MÊME pas de mon intérêt familial
d'exhumer cette cause.

LE COMMANDEUR

Et, vous persuadant de ces paradoxales subti-
lités, vous acquiescez, par une abstention singulière, à ce fait accompli de l'erreur qui pèse sur cette
cendre ? alors, dis-je, qu'une communication toute
simple au conseil des ministres pourrait, malgré

vos inconsistantes prévisions, rendre à votre nom, qui est aussi le mien, tout l'honneur passé !

Axel

Oh ! chez les *miens,* monsieur, l'on n'eut jamais que faire de personne pour décréter notre honneur, attendu que la patrie, fondée, à travers les siècles, par nos actes et ceux de nos pairs en seigneurie militaire, nous doit le plus pur du sien... — Nul, donc, ne saurait avoir qualité pour contrôler l'honneur de ceux-là dont la fonction vive est de pénétrer d'un sens réel celui des autres hommes, et nous nous soucions assez peu de l'estime sans valeur de ces passants (si nombreux qu'on les suppose) qui se permettent une seule fois de le discuter. Je n'ai donc pas à tenir compte de vos derniers propos. Je suis ici dans mon héréditaire maison, foyer d'exil en un lieu d'exil, la patrie n'étant plus, pour moi, qu'un emplacement. Je n'ai pas à m'inquiéter de ce qui peut être enterré aux environs de cette demeure, mon père ne m'ayant pas laissé d'avis à ce sujet. Aucune loi ne m'imposant de m'en préoccuper, nul ne saurait me contester le DROIT d'en récuser le souci.

Le Commandeur

Votre père vous légua moins encore le devoir

de confisquer ainsi le bien-être de plusieurs millions d'innocents. Au nom d'un grief que vous croyez avoir contre quelques-uns, vous vous couvrez d'une omission de la Loi pour faire peser sur tous un ressentiment aussi exalté qu'injuste.

AXEL, souriant

En vérité, le moins disert des financiers du plus minime des États de l'Occident se bornerait, en ce moment, à vous regarder en silence : car il est surprenant d'entendre un homme de cour faire preuve d'une ignorance aussi profonde. Si vos notions sur la nature de l'Or se limitent à celle de le dépenser, elles sont insuffisantes pour qu'il soit permis de vous répondre.

LE COMMANDEUR, impassible, sans comprendre

Une défaite gravement débitée n'atteint guère qui défend l'intérêt de tous.

AXEL

L'intérêt de tous ! But généreux, dont, au cri des siècles, les princiers spoliateurs sanctionnèrent, par tous pays, les exactions de leur bon plaisir et qui permet encore d'extorquer la bénédiction des plèbes en les dépouillant froidement au nom même de leurs intérêts. — Non, je n'ai pas à convier au pillage, ici, les champions ordinaires des « intérêts de tous ».

LE COMMANDEUR, froidement

Eh bien ! si, pour ces spécieux motifs, il ne vous plaît pas de prendre sur vous l'initiative d'un avertissement aux États intéressés, laissez à d'autres le soin d'en assumer les responsabilités, et l'on viendra bientôt vous libérer de cet or — dont vous n'avez que faire et qui vous est étranger.

AXEL, calme et hautain

Pourquoi permettrais-je, pouvant m'y opposer, qu'un ou deux milliers de brutes humaines, à votre solde, apparus soudainement ici, profanent, longtemps et de vive force, du gros rire de leurs présences, le seul lieu d'exil où je doive ensevelir la dignité de ma vie? Je sais qu'il peut sembler tout simple, à des gens de loi, qu'au nom de cet « intérêt général » dont le vil mensonge vient d'apparaître, — sous prétexte, enfin, de reconquérir de l'or peut-être imaginaire, — il soit licite à des colonnes de déterreurs de venir défigurer cette terre, prix du sang glorieux de toute une race que je résume, — et saccager ce sol que les miens foulèrent filialement depuis des

siècles : qu'importeraient ces allégations sentimentales! On me dédommagerait, n'est-ce pas, une fois abattus et déracinés, de ces milliers de vieux arbres qui sont pour moi d'anciens amis?
— Non. Le silence de la grande Forêt — marche dont je suis le margrave — n'est pas à vendre : il m'est plus cher que toutes paroles : c'est un bien sacré, dont je n'entends pas qu'on m'exproprie et dont l'or de vos banques ne m'indemniserait pas. Et quand même le prétendu surcroît de « bien-être » d'un million d'indifférents devrait s'ensuivre, je dis que, dans une même balance, le poids des cailloux l'emporterait vainement sur celui d'une pierre précieuse, — et que ce bien-être n'équilibrerait pas, en ÉQUITÉ réelle, le dol que je subirais.

LE COMMANDEUR

A qui ferez-vous croire que de telles richesses ne valent pas d'être recherchées, fût-ce au prix de tous les silences?

AXEL, dédaigneux

A moi seul : ce qui suffit. Je crois même avoir prouvé, depuis longtemps, que cette tâche ne m'était pas difficile. — Par exemple, il est fort concevable que vous préfériez l'Or (dût-il n'être que fictif) à tous les silences, — puisque le Silence ne représente rien pour vous, qu'un bâillement. En effet, ce mot, vide quand vous usurpez le droit de le prononcer, n'a pas (bien que de mêmes syllabes) l'ombre d'une parenté avec celui que j'ai proféré tout à l'heure. C'est en vain que vous essayez de les confondre en une même valeur... Souriant : acte de faussaire ou de perroquet.

LE COMMANDEUR, impassible

Enfin, grâce à telle indication paternelle tout à coup retrouvée, s'il vous advenait de découvrir ces grandes richesses, quel serait donc, à vos yeux, le devoir?

AXEL, tranquillement

De les enfoncer encore plus sous terre, s'il m'était possible, pour l'honneur des Pauvres.

LE COMMANDEUR, après un silence

Espièglerie, dont la durée serait brève, l'âge des réflexions une fois sonné!

AXEL, grave

Je doute que cet âge-là sonne jamais pour vous.

LE COMMANDEUR

Bien. Vous vous estimez libre, paraît-il, de dénaturer, sciemment, l'acte de celui qui ne déposa céans et pour mieux assurer leur temporaire sécurité, ces nationales valeurs — qu'afin de les remettre intégralement aux fondés de pouvoir de l'Allemagne, l'heure venue !

Axel

Et c'est son heure, à lui, que les fondés de pouvoir de l'Allemagne ont fait venir. Donc, où qu'elles puissent être, ici ou non, que m'importe ! Qu'elles dorment ! C'est bien le moins que je partage avec tous le droit de les ignorer. Grâce à la meurtrière duplicité de vos mandataires, on ne sait ce que votre Or est devenu : l'Allemagne a prescrit mes légitimes droits d'enquête sur l'événement qui explique et motive cette disparition : le temps s'est appesanti sur cette déjà vieille histoire... — ainsi soit-il.

Le Commandeur, impassible

En conclusion, vous connaissez la provenance des richesses enfouies, — sans aucun doute, pour moi, désormais, — sous votre terre ! Les annuler ainsi, c'est encore en disposer ; or, quel droit pouvez-vous invoquer sur elles ?

Axel

Celui d'en sauvegarder l'oubli.

LE COMMANDEUR

A quel titre?

AXEL, se levant, calme et sombre

Au titre signé du sang qui les couvre — et les paya.

Après un assez long instant :

J'ajouterai, cependant, une chose sur laquelle vous ne me questionnez pas. Il est, en Allemagne, tant d'infortunés, dont l'affamée détresse — votre œuvre, à vous autres! — écœure ceux qui vous regardent, — qu'il serait un peu vil de s'exclure tout à fait du droit de les secourir, — au cas où, par exemple, l'Or, dont nous parlons, s'offrirait, ABSOLUMENT, comme une *trouvaille*.

En effet, rayé des mémoires, prescrit par d'officiels décrets, renoncé de ses indemnisés titulaires, cent ans auraient, en vérité, passé sur lui sans l'affranchir davantage. Qu'en reste-t-il? une légende. — S'il est encore, ses effigies en font une sorte de mine armoriée, — gisante, on ne sait où, sous la Forêt. Cette vacante merveille est donc à la merci de qui en sera le prédestiné, s'il est conduit vers elle par un décret de cette Nécessité qui veille aux fortunes des humains. Oui, son *légal* héritier sera le premier voyageur qui — le sol ayant manqué sous ses pas — s'engagera, chancelant et à l'aveugle, dans les allées où flamboient ces richesses mortes. Pourquoi? Parce qu'il n'en recevra l'investiture que du Hasard, leur unique *propriétaire*, aujourd'hui.

Eh bien! nul écrit ne me livra le secret du lieu sourd, voûté de terre et d'ombre, où dort l'impérial trésor germain. Mon père ne m'est pas apparu pour me le révéler. Si donc il s'offrait à moi-même, tout à coup, sans que je me sois rendu coupable d'une seule recherche, — c'est-à-dire ayant gagné, moi aussi, de n'être pour lui qu'un passant, — au nom de quels emphatiques remords ou de quels mensongers scrupules me soustrairais-je au royal devoir de défendre sa valeur contre les bas usages où tant de vivants ne manqueraient follement pas de le profaner? Pourquoi rejetterai-je au Destin — dont j'ai bien accepté la vie! — le lourd présent nouveau qu'il semblerait m'enjoindre, alors, de dispenser? Encore une fois, n'ayant rien tenté pour conquérir cet héritage, le sachant ici, je me sentirais sacré pour m'en saisir, s'il venait à moi du fond de l'Inconnu. Tout immense qu'il pût alors m'apparaître, en sa rayonnante horreur, je tiens qu'il serait pour moi... comme la bourse perdue, qu'un pèlerin heurte du pied, le soir, sur la route, — alors que ses yeux n'étaient cependant fixés que sur les étoiles!

LE COMMANDEUR

Je songe, simplement, à ceci, moi, — que le sous-terre appartient à l'État : — si donc, ayant eu vent de ce grave secret, l'on envoyait ici quelques compagnies de mineurs et de pionniers militaires, vous seriez bien obligé de laisser l'État reprendre son bien, car leurs escouades seraient peu sensibles à la superbe de vos propos.

MIKLAUS, HARTWIG ET GOTTHOLD,
avec un rire bref, assuré et sonore

Oh, hô !

UKKO, avec un léger haussement d'épaules

C'est à regretter de n'avoir pas envie de rire.

AXEL, au commandeur

Illusion ! — Pas un coup de pioche ne tomberait ici, pas un de ces infortunés ne sortirait des alentours. Et... ce n'est que pour éviter les émanations pestiférées qui pourraient se dégager de leur oiseux carnage, que je préfère, précisément, vous tuer seul.

LE COMMANDEUR

Ah çà, je rêve! Vous essayeriez une rébellion contre la Loi? contre les États? contre le roi?

AXEL, *avec un dédain grave*

Seul, je sais quels vastes dangers, quelles embûches mortelles, recèle et peut, soudain, accuser cette Forêt militaire où, depuis trois siècles, nous commandons ! Quatre ou cinq cents soldats, dépêchés contre ce sol, ne feraient pas vingt lieues, sous bois, vers ce donjon, sans que, par une simple catastrophe accidentelle, le terrain qu'ils couvriraient ne se retournât sur leur disparition, les rendant pareils à l'Or qu'ils seraient venus chercher. — Résultat : lorsque de telles incidences entravent les débuts d'une entreprise déjà vague et douteuse, on diffère de se risquer en de nouvelles menées pour d'aussi hasardeux bénéfices ; le temps passe en indécisions, en enquêtes vaines, en commentaires : le soucieux oubli vient... — bref, les choses resteraient en l'état, selon mon occulte volonté.

LE COMMANDEUR

Supposé que vous n'ignoriez pas ce que peuvent, partout, quelques centaines d'hommes, disciplinés, un millier, au besoin, sagement conduits, — ce serait donc à cette criminelle folie que se résoudrait, froidement, votre conscience ?

AXEL, *souriant*

Ici, je n'ai plus de comptes à rendre ; sur ce

point je ne puis admettre de juge. Assentiments, blâmes, stupeurs, me trouveraient également insensible; — en ma « conscience », j'ai, seul, qualité pour délibérer, je décide : — et tout est dit.

LE COMMANDEUR

Ces éhontées convictions ne sont que surhumaines, monsieur, ce qui est peu de chose.

AXEL, se levant

Libre à vous d'essayer en vain de le croire. — Mais, la valeur de vos motifs étant réduite à néant, les débats sont clos — et nous ne serrons pas le fer, en nos poings, pour discuter davantage.

Voyant le Commandeur d'Auërsperg sourire à cette parole,

il reprend, brusquement, et — redevenu farouche :

Ah! l'on voit que, fort de notre parole jurée, tu te fies aveuglément à ta science en cette arme. Mon serment devrait te prouver quelle foi contraire je dois aussi nourrir pour vouloir consacrer, par le mystérieux sang d'un loyal combat, mes droits au silence et à l'oubli, — surtout alors qu'il me serait si loisible de t'annuler sans péril. — Eh bien, je te le prédis : tu ne sortiras pas de mon épée. Va, c'est comme si tu avais rencontré le tonnerre. Je vais te supprimer sans colère, comme on écarte une pierre de son chemin, — sans que ta mort interrompe, en mon esprit, le cours d'une seule de ces pensées — plus hautes que ce qui nous occupe — et qui te sont inconnues. Tu es néant et je te nie, sans craindre un seul remords. Je ne t'en veux pas, je ne te vois pas. Pour moi, tu es inanimé : tu es l'éternel phalène qui, de lui-même, est accouru se détruire à l'éternel flambeau. — Sur ce, vous voici prévenu. J'ai dit.

Le Commandeur, à lui-même

Oh ! je veux en apprendre encore, avant de le tuer ! — Haut, froidement : — Tu m'as distrait, tu t'es fatigué ; c'est le plus clair de ta harangue. Résumons. Tu veux soustraire à différents États de l'Allemagne des sommes absolument démesurées et — je te gêne. Bien. En ces conjonctures, comte... il laisse tomber son épée dédaigneusement, je ne me bats plus. Je n'ai vraiment pas à faire cet honneur à des larrons, — fussent-ils de ma famille.

Axel, tranquille et grave, à haute voix

Si mon trop secourable père ne vous eût accordé, par fatigue, jadis, l'honneur de toucher sa main — et de vous apparenter (en son indulgence distraite, qui, depuis deux heures, vous protégea),

— j'eusse fait justice plus tôt de cette mauvaise foi, de cette forfanterie, de cette creuse impudence : — finissons-en.

Paisiblement, et comme notifiant une chose toute simple :

Mon burg fut la clef militaire d'une marche de l'Allemagne. Un rescrit impérial investit le suzerain de ce lieu du droit de justice basse et haute, même en temps de paix. *A Ukko, lui indiquant une carabine :* — Donc, au nom de ce mandat héréditaire, prends cette arme : ajuste cet homme au cœur et, — s'il ne relève, à l'instant, son épée, — feu !

Ukko s'est précipité vers la muraille, a saisi l'arme, en a fait jouer la batterie, est revenu se placer à trois pas du Commandeur et le met brusquement en joue.

LE COMMANDEUR, *surpris et devenu plus pâle*

Là-bas, en Prusse, on sait que je suis ici. Vous aurez donc à rendre compte de vos actes et de vos dires. Pour couvrir un assassinat, vous arguez, sciemment, d'un droit mort, d'un grade féodal que la désuétude abrogea. Vous feignez d'ignorer en quel siècle nous vivons.

AXEL, *indifférent*

Oh ! faites-vous dater de demain, si bon vous semble. Moi, je suis.

LE COMMANDEUR, avec une crispation de froide colère

Laissez-donc! C'est vous qui ne parlez que d'*hier,* étant l'imprévoyant de *demain.* Je me contente, moi, monsieur, d'être un homme doué de quelque raison, de ne dater que du siècle où j'existe, — d'être, seulement, un homme d'*aujourd'hui*.

Axel

Alors, prenez garde : il est tard.

LE COMMANDEUR, se contenant encore, mais frémissant, presque à lui-même

Me voir contraint de coucher, moi-même, sur le carreau, cet exalté solennel, alors que, sur ses paroles rapportées au roi, quelque bonne poignée de gardes-policiers, sur simple licence d'extradition, s'en viendrait, incontinent, le garrotter en cette masure et l'emporter, muselé, dans une forteresse !

Ukko, à demi-voix

Un signe, et je fais feu, monseigneur.

LE COMMANDEUR, se croisant audacieusement les bras

Eh bien, assassinez ! — ou, selon votre parole engagée, répondez, nettement, à cette suprême question : *Où suis-je et qui êtes-vous ?* — Seulement, cette fois, soyez précis, exact et clair, je vous prie. Dans le monde, nous n'estimons guère les faiseurs de phrases.

AXEL, après un mouvement d'impatience

On ne leur préfère pas, ici, les diseurs de riens. Ah! tu oses me braver jusqu'à me sommer de tenir, envers ta curiosité, *plus* que ma parole! Sombre : Eh bien, — sois satisfait. A Ukko : Relève ton arme, un instant. Trois fois ce chambellan nous menaça de ses rois, de ses gens d'armes et de ses pareils, — la roue de ce paon se réduisant, paraît-il, à faire montre, ainsi, des clefs brodées au dos de son paisible uniforme : — vraiment, ceci, à la fin, mérite le vertige! Qu'il apprenne donc *où il est et qui je suis* : — je jure qu'il n'aura pas le temps de l'oublier.

Il prend son épée par le centre, s'approche du Commandeur, qui, bras croisés, le regarde — et, de la poignée, lui touche l'épaule :

— Vous êtes en cette unique Forêt dont la nuit couvre cent lieues. Elle est peuplée de vingt mille forestiers, aux dangereuses carabines, — anciens soldats nés d'un sang qui m'est héréditairement fidèle. — J'y veille, central, en un très vieux logis de pierre, qui repoussa trois sièges, déjà.

Des bords de mon fossé jusqu'aux lisières les plus reculées, villages et hameaux se commandent ; — à peine cinq jours suffiraient pour que tous, à la fois, fussent au courant d'un ordre émis de cette muraille, — d'un avis, plutôt ! car, pour peu que l'on soit aimé, un avis revient à mieux qu'un ordre, et, dans ces bois, les cœurs sont redevenus à ce point sauvages que vous-même n'y trouveriez pas un traître. Qu'importerait, d'ailleurs ! Toute survenue, *vers moi,* d'un ou de plusieurs, m'est bientôt signalée : — selon le nombre, l'on se prémunit et l'on se tient sur ses gardes, à toutes approches. Une fois entré dans les successives étendues de la Forêt, comment vivre, s'orienter, s'abriter de nuit, avancer enfin, sans être aperçu ? Démuni de mon secours direct, — seriez-vous arrivé jusqu'à moi ? Non. Plusieurs jours avant votre présence ici, le vent m'avait appris, en effet, que deux cavaliers…

S'arrêtant soudain et le regardant de ses yeux clairs : et, même, une — femme…

Un instant de silence : — puis, à lui-même — et comme ayant, définitivement, statué sur un doute, à la vue de l'impassibilité attentive du Commandeur :

— (Ils ne se connaissent pas).

Reprenant, avec froideur, la phrase interrompue :

…cheminaient vers ma demeure. Ils étaient suivis,

épiés, écoutés. — Je vous ai donc adressé les guides qui vous ont amenés à mon seuil en moins de six journées. — Vous avez parlé, tout à l'heure, d'un « piquet de policiers », dépêchés vers ce donjon, pour s'y saisir de ma personne?... Qu'en resterait-il, bientôt, sous les ramées, à mon bon plaisir. — si, au contraire, je ne les faisais guider, à leur tour, jusqu'à mon pont-levis — abaissé, devant eux, au nom du roi? — Tenez! ils entreraient, — et d'un air de commandement, sans doute! — dans la cour militaire de ce château... — Alors, sans même déranger un seul de mes serviteurs...

Il marche vers une croisée, l'ouvre — et, d'un coup de son sifflet de chasse, perce les bruits de l'averse et de l'ombre.
D'horribles aboiements, mêlés d'un fracas de chaînes, retentissent; on distingue de nombreux chocs de masses lourdes se ruant contre une porte massive.

... oui, j'ai là, vous entendez? une trentaine de dogues d'Ulm, de la grande race fauve, des chiens de guerre. Cette meute féroce, n'obéissant qu'à moi, m'est utile pour les chasses de nuit : elle bat, sans cesse, mes alentours, en Forêt. En peu d'instants, elle ne laisserait, de vos hommes, sur l'herbe et le pavé, que des os sanglants. — Certes, je saurais déplorer, très haut, cet événement, — d'une si imprévue soudaineté... que je me serais vu privé du temps de le conjurer, — de, même, savoir *l'objet* de cette députation ! — Et j'en gourmanderais, officiellement, mes chiens, devant tout le personnel de ce château, car je ne veux point passer pour un rebelle !... Seulement je pense qu'après deux ou trois de ces contre-temps, l'on cesserait de m'adresser ce genre de visiteurs. — Laissez donc là de puériles menaces, qui font sourire ces vieux soldats et cet enfant.

Au plus léger indice, au seul pressentir de meurtriers envoyés contre moi, — lesquels, ai-je dit, périraient, sans doute, en quelque ravin, dès les premières étapes, — je prendrais l'offensive, ne devant plus, dès lors, considérer les Princes qui en agiraient de cette sorte, envers moi, que comme simples agresseurs en un duel où l'arme choisie par eux serait l'assassinat. — Non, je n'aurais pas à décliner l'arme préférée de tels rois. Ne seraient-ils pas, d'ailleurs, les fils de ceux-là, chefs de toutes dynasties, qui se révoltèrent, un jour, au fond du Passé, contre, aussi, leurs souverains et les supplantèrent ? — Je m'efforcerais, leur prouvant la parité de ma nature avec celle de leurs aïeux, (sur ce point-là, du moins) — de me rendre digne, ainsi, de l'*honneur* qu'ils me feraient, inconsciemment ou non.

En vérité, je dispose, ici, de quelques sûrs coups

de feu. J'ai, sous la main, de par la Forêt, bon nombre de mineurs, — bras fermes, faces rudes, — qui se souviennent de la sujétion que subirent, aux armées, leur jeunesse, et dont leurs épaules gardent encore les sillons mal cicatrisés par le temps. Nul, hors moi seul, ne peut se rendre compte du vieux ressentiment, tout à fait glacé, qui s'endurcit, en leurs veines, alors que, le poing crispé sur leur pic, ils se perdent, au profond des souterraines galeries, en songeant à vos aimables Princes. — Être envoyés, en exécuteurs, en telle capitale, pour y guetter, entre les journalières occasions, celle où, d'une balle vive et bien ajustée, l'on peut frapper, à coup sûr, un roi, serait pour eux une ivresse ardente, la seule dont ils aient une soif telle — qu'ils l'étancheraient, volontiers, au prix convenu avec vos bourreaux. Vous admettrez bien qu'il me reste assez d'or pour les défrayer en ces entreprises, — et que l'ensemble d'un « régicide », comme on dit dans les villes, serait même assez subtilement conçu par moi pour que leur bon retour fût plus que présumable. J'ai donc tout lieu de croire encore qu'après deux ou trois de ces avertissements et coïncidences, les augustes successeurs de mes antagonistes à couronne ne troubleraient plus ma solitude... ceci d'autant mieux qu'en mon impitoyable persévérance, je ne me fatiguerais pas le premier.

Supposons, maintenant — (ne faut-il pas tout prévoir?) — que, sur des suggestions de conseillers tels que vous, tel chef de l'une des « patries » de l'Allemagne, irrité, à la longue, de plusieurs insuccès coûteux et menaçants, — ne pouvant tolérer la constante humiliation de ses ordres formels, — sur quelques soupçons, aussi, peut-être, de ces faits « révoltants » et commençant à se défier, d'une façon plus réfléchie, non seulement de moi mais de mon taciturne entourage, — supposons, dis-je, — puisqu'enfin l'on ne saurait imaginer jusqu'à quelles résolutions l' « indignation » d'un Prince peut le conduire ! — que ce roi légal envoyât brusquement des forces un peu sérieuses, — huit ou dix mille hommes, par exemple, — avec mission d'occuper militairement la Forêt-Noire, de raser ma muraille et de m'amener mort ou vif! Ceci, uniquement, afin que « Force reste à la Loi ».

Au nom du Droit humain, je déclare que guerroyer un exilé solitaire, à peine coupable de légitime défense, de silence et de liberté, — bien décidé, en tout cas, à sauvegarder son isolement jusqu'à se faire sauter plutôt que de se rendre, — oui, je prétends que guerroyer cet homme serait un acte digne des risées de l'Histoire, du mépris des nations, — et sans honneur pour le pays.

N'importe !... Grâce à ceux des miens, qui, — à force d'années, avec cette héréditaire patience dont je fais preuve en ce moment, — ont armé mon donjon, je suis prêt à défier ces belliqueuses fantaisies. Étant d'une race de soldats et connaissant l'exacte étendue de sol qu'un corps de dix mille hommes, divisé en colonnes d'assaut, d'attaque et de soutien, peut occuper *ici*, mes dispositions sont prises depuis longtemps.

> Le comte Axël d'Auërsperg revient s'asseoir, — en sa précédente attitude, accoudé auprès des lumières de la table. -- Le fracas du tonnerre, les circonvolutions du diluvial orage, depuis quelques instants, semblent s'être rapprochés, resserrant les hauteurs du burg comme pour une suprême étreinte.

Tout d'abord, vous apprendrez qu'autour de moi le pays montueux et boisé s'oppose à toutes avancées d'artillerie : ce sont, en effet, de tous côtés, aux lointains, de circulaires et larges vallées, de torrentielles rivières, des myriades de roches, — et d'énormes arbres si pressés entre eux que, sciés à leurs bases, ils s'étayent les uns les autres sans pouvoir tomber : leur chute, d'ailleurs, entraverait la marche d'une armée. — Engager des canons au milieu d'une pareille contrée, en vue de me battre en brèche, exigerait, en vérité, de bien lourds — et bien stériles — sacrifices de sang, de temps et d'or... même pour subir d'être repoussé. Aucune cavalerie ne pourrait se mouvoir en cette région, — dont les cartes militaires, d'âge en âge rectifiées selon les usages nouveaux, sont entre mes *seules* mains ; j'ajouterai que je n'aurais pas attendu l'irruption soudaine de régiments ennemis, pour en connaître. Il faudrait donc d'autres éléments pour m'attaquer. — De grosses troupes de pied, aventurées dans l'exceptionelle Forêt, *sembleraient*, seules, pouvoir parvenir, bien que malaisément et en désordre, aux approches de mes douves, là-bas, — c'est-à-dire sous mon perpétuel feu direct, avant tous ouvrages.

Car les créneaux oubliés de ce château-fort furent pourvus, en d'autres temps, de quarante-huit pièces de siège, oh ! toujours bien luisantes, et, sur un appel, elles seraient desservies, fût-ce demain, par une garnison de rudes vétérans, — leurs familiers. — De la hauteur que domine ce burg, leur puissant feu plongeant couvre plus de deux lieues de zone, et le terreau de cette zone est tenu constamment en état de fournir, en deçà des tranchées, de très suffisantes ressources de pain, de vivres, d'eau, de munitions même. Quant à mes casemates, leurs soutes demeurent, comme par le passé, approvisionnées pour une longue résistance. De là, même, cette relative pauvreté dont je suis fier.

C'est pourquoi nul acte d'autorité, révélant ma réelle puissance, ne me déclarerait ouvertement en révolte, aux approches hostiles. — Rien. Les interminables étendues d'arbres, de fondrières, de précipices et de fossés, garderaient leur aspect d'abord champêtre, puis sauvage, — et les premières lignes d'infanterie, en y pénétrant, n'y entendraient, de village en village, que la roue des cordiers, la cognée des bûcherons, le paisible marteau des sabotiers, le murmure des sources, la chanson des berceuses. Rien ne décèlerait une résistance, un danger. A peine, selon les chemins choisis, prendrais-je quelques mesures nouvelles, moi, dans ce manoir, sur un rayon de cinq à six lieues de mes tranchées. — En effet, pourquoi mettre sur pied ceux que je pourrais appeler mon peuple, avant l'instant précis où, forcément attaqués eux-mêmes, la Forêt deviendrait un peu plus sombre? Au premier bourg molesté par les troupes survenues, tous se replieraient, d'eux-mêmes, ici! Pour la défense en Forêt, nous avons une formation tout à fait ignorée de vos soldats, et qui leur serait accablante, — foudroyante, même, je crois en être bien assuré! — De sorte que, soudain, par quelque nuit noire, pendant le sommeil alourdi de vos milliers d'hommes, voici que les clairières deviendraient des fournaises, et que, dans l'étouffement des bois embrasés, les éclats de mine se compliqueraient des crépitements de milliers de carabines, et que l'aurore éclairerait une simple tuerie continue. L'hiver, ce serait encore plus bref, plus terrible : car, en ces terrains, travaillés depuis d'anciennes années, je détiens de vastes moyens d'ensevelissement — et pouvant utiliser ces millions de combattants qui ne reculent pas et qu'on appelle des arbres, je sais comment on affame, comment on émiette, comment on neutralise des forces... qui, d'ailleurs, seraient bien loin d'être, à tous égards, équivalentes à celles dont j'aurais pris le commandement. — En simulant, même, une défaite, il est deux sentiers qui pourraient conduire des colonnes d'assaut jusqu'à mes plateaux verdoyants et mon fossé : je puis, non seulement, de leur sommet, y pousser de colossales roches arrondies, dont l'effet d'écrasement serait inévitable, mais, en quelques coups de mines, grâce aux anciens caveaux de guerre qui les longent, je puis en effondrer le sol jusqu'à donner à ces sentiers une inclinaison telle... qu'elle rendrait tout à fait inexpugnable ce vieux donjon, — dont le feu, dès lors, serait un achèvement. Je trouverais chimérique de vouloir fixer le chiffre des fuyards, qui — sans abris, ni guides, ni vivres, égarés dans les bois, — traqués à mort par les miens, essayeraient de gagner les lisières, pour aller porter à leur pays la nouvelle de l'inquiétant désastre. — Celui-ci, bientôt, serait suivi de la surprise de telle prochaine ville forte, d'un appel aux seigneuries mécontentes, et, sans nul doute, de la guerre civile, en Allemagne. A l'issue d'un ou deux combats livrés d'après un plan d'hostilités déjà bien mûri, je sais quel coupable je ferais disparaître. — Mon DROIT demeurerait intact ; — car... serait-ce moi-même qui me serais mis hors la loi ?

C'est là *l'endroit* où vous êtes, monsieur le chambellan. Quant à « *moi* », je suis, tout simplement, un songeur assez peu commode, qu'il serait peut-être sage, à vos rois, de ne point braver. Sur ce. — (pour en finir avec les paroles, cette fois, n'est-ce pas, entre nous), — vous avez, j'imagine, entendu parler... d'un jeune homme des jours de jadis, qui, du fond de son château d'Alamont, bâti sur ce plateau syrien surnommé le *Toit du monde*, contraignait les rois lointains à lui payer tribut ? — On l'appelait, je crois, le Vieux de la Montagne ? — Eh bien...

Sur un signe, Gotthold et Miklaus ont repris leurs torches ; — Axel se lève, puis, éclairé des rouges reflets de toute la salle, regardant son adversaire, et d'une voix tranquille :

... eh bien, je suis, moi, le Vieux de la Forêt.

LE COMMANDEUR, un peu hagard, mais devenu grave, le toisant des pieds à la tête, comme par contenance.

Rebelle ! Vous osez prendre — de tels droits !..

AXEL, une flamme aux yeux

Nul, jamais, n'eut d'autres droits que ceux qu'il prit — et sut garder. — Et, sachez-le, je compte les prendre tous ! à la première menée de... vos maîtres.

LE COMMANDEUR, l'observant, et à demi-voix

Pouvant être roi, pourquoi ne pas le devenir ?

AXEL, montrant, de son épée, l'épée étendue à terre

J'ai d'autres soucis.

Un profond silence.

LE COMMANDEUR, avec un sourire glacé et pâle, et comme en prenant son parti

Décidément, vous faites de moi ce que vous voulez ! Allons ! coupons-nous la gorge : soit.

Il se baisse et reprend son épée : puis, d'un ton bizarre :

— Il serait plus régulier d'ôter nos habits, je trouve.

AXEL, sans même remarquer le sens bas et soupçonneux
do ces paroles

Accordé.

Tous les deux, à la hâte, ayant piqué leurs épées dans le plancher, se sont dévêtus jusqu'à la ceinture, jetant leurs habits sur les deux sièges. Les musculatures apparaissent : celle du comte d'Auërsperg, svelte, athlétique, onduleuse; celle du Commandeur, robuste, agile, résistante. Ressaisissant leurs armes, ils se sont éloignés, de cinq à six pas, l'un de l'autre, au centre de la salle.

LE COMMANDEUR, d'une voix ferme et brève

Soldats qui portez la croix de Fer, moi, Hermann Kaspar d'Auërsperg, baron de Sa Majesté notre roi, commandeur de l'ordre de notre Aigle-rouge, je vous prends à témoin que j'aurai protesté contre l'arbitraire conduite du comte Axël d'Auërsperg, mon cousin, lequel, ayant dépassé, envers moi, toutes mesures en menaces, en fanfaronnades et en outrages, me met en l'urgente et absolue nécessité... d'attenter à sa vie.

D'un coup d'œil, il examine, autour de lui, le terrain de la salle.

AXEL, à demi-voix et souriant

Altières paroles : à quand l'action?

LE COMMANDEUR, l'épée haute

Cette fois, c'est moi qui vous attends, monsieur.

AXEL, tranquille, tombant en garde

Me voici.

Les deux adversaires, se rapprochant avec rapidité, ont engagé seulement les avant-pointes de leurs lames. Les attaques du commandeur d'Auërsperg se succèdent, pressées, avec une vitesse de détente aux allures supérieures. Axël, hautain, en a froissé, autant de fois, le fer en de si dures parades que des étincelles ont jailli. Quelques instants ainsi se passent.

Maintenant, les épées, averties, et s'étant comme évaluées, ne se rencontrent plus. Se trompant l'une l'autre, en feintes serrées, elles se devinent et s'évitent. Elles semblent deux lueurs frémissantes, se rejoignant sans cesse et miroitantes, sous les torches, en des enlacements sans contact visible, presque sans bruit. — Spontanément, deux coups, d'aspect mortel, mais rencontrés, en leur même éclair, par la garde sévère du jeune comte, lui sont portés à toute vitesse. — Axël, depuis les quelques minutes où les lames se sont croisées, n'a pas encore tendu le bras une seule fois. — Au dehors, à chaque instant, éclats de tonnerre.

LE COMMANDEUR, à lui-même, rompant d'un pas, et comme saisi d'une surprise sombre

Eh! mais... je sens — que je suis perdu.

Les yeux de Gotthold, jusque-là soucieux, ont suivi le

duel et lu dans les replis des feintes. Ils s'éclairent en voyant le comte d'Auërsperg avancer vivement d'un pas, sur la rupture du Commandeur, et s'effacer d'une manière sans doute significative pour le vieux soldat. — Ukko, les bras croisés, très pâle, auprès de Miklaus, dont la torche tremble, regarde ; — au fond de la salle, Hartwig, le poing crispé sur son épée, a fermé les yeux, car une larme d'angoisse vient d'en bondir et de rouler sur sa moustache.

Cependant les attaques adverses se multiplient sur Axël, savantes, précises, d'un dessin de pointe à peine visible, menaçantes lueurs, en ligne haute et basse : il demeure comme de pierre à l'abri de son poignet mouvant, s'enfermant en son impénétrable épée.

Tout à coup, sur un battement évité — dont une ombre de fatigue irritée a exagéré, un instant, le jour, — Axël, en un foudroyant allongement de fauve, se détend, avec une opposition de garde, le bras et le fer horizontalement droits : soudain, entre les combattants, des gouttes de sang sautent dans l'air. Le commandeur Kaspar d'Auërsperg pousse un cri bref et rauque, et qui s'étouffe très sourdement ; — il tourne sur lui-même, bat l'air de ses deux bras en laissant échapper son arme, puis chancelle : ses genoux fléchissent ; il tombe, en avant, sur ses deux mains étendues : — bientôt, face contre terre, après une convulsion, il demeure sans mouvement; en trois secondes, une large plaque rouge se forme et s'augmente à son côté gauche.

UKKO, *qui s'est précipité, l'a soulevé, puis retourné, palpe la blessure*

Le cœur est traversé. Tout est fini.

Un silence.

AXEL, à lui-même, pensif, et considérant son adversaire déjà inerte

Passant, — tu es passé. Te voici, t'abîmant dans l'Impensable. En ton étroite suffisance ne s'affinèrent, durant tes jours, que les instincts d'une animalité réfractaire à toute sélection divine ! Rien ne t'*appela*, jamais, de l'Au-delà du monde ! Et tu t'es accompli. Tu tombes au profond de la Mort comme une pierre dans le vide, — sans attirance et sans but. La vitesse d'une telle chute, multipliée par le seul poids idéal, est à ce point... sans mesure... que cette pierre, en réalité, *n'est plus nulle part*. — Disparais donc ! même d'entre mes deux sourcils.

Haut, se détournant vers les trois vieux soldats :

Approchez.

Gotthold et Miklaus se rapprochent : — ils regardent, penchés sous leurs torches, le corps étendu sur le plancher. Ukko, les mains ensanglantées, soutient la face livide sur son genou. — Hartwig est accouru, du fond de la salle, et regarde aussi.
Les longues épées nues brillent autour du mort.

— Merci, mes vieux amis, pour l'anxiété qu'a subie votre tendresse ! — Que l'on rassure herr Zacharias.

Montrant le corps du commandeur d'Auërsperg :

— Aux caveaux, près des sépultures, — cette nuit même !

GOTTHOLD, *à l'oreille d'Axël, et protégeant, d'une main, ses paroles, à cause des assourdissants coups de tonnerre, qui, sans doute, frappent, maintenant, le sommet du donjon*

Une fosse est prête, monseigneur : c'était la vôtre, — creusée d'après votre formel désir, autrefois...

AXEL, *impassible*

Soit : cendre pour cendre.

Il laisse tomber son épée à demi rougie.

Depuis un moment, la porte cintrée, au sommet de l'escalier de pierre, s'est silencieusement ouverte au-devant d'un personnage inconnu.

Le survenant est d'une stature élevée et de proportions admirables. Sa physionomie, aux traits purs, ne semble pas celle d'un homme de nos siècles ni de nos contrées ; elle rappelle, étrangement, ces effigies hiératiques ou royales en relief sur les très anciennes médailles des Mèdes. Il paraît être en sa cinquantième année, bien que le rayonnement de ses yeux graves atteste une sorte de puissante, d'éternelle jeunesse corporelle. L'austère beauté de toute sa personne, la lumineuse pâleur de sa face, l'expression magnifique de son regard, semblent devoir opprimer à jamais la mémoire de ceux mêmes qui ne le contempleraient qu'une seule fois.

Ses cheveux bruns, ondulés, dont quelques-uns, à peine, sont d'argent, se partagent — un peu plus longs, seulement, qu'il n'est d'usage aux armées — sur un front mystérieux dont les plénitudes imposent le recueillement. Sa barbe brune rappelle celle des figures que l'on retrouve burinées sur les airains ninivites. Les éclairs l'illuminent.

Son costume, presque un uniforme noir, sans épée, paraît être, tout d'abord, celui des médecins militaires de la Hongrie; mais plusieurs détails, d'une simplicité tout à fait sévère, indiqueraient plutôt que c'est le vêtement d'un cavalier toujours prêt à de longs voyages; — vêtement qu'un feutre à bords larges et qu'un manteau suffisent à compléter.

Au moment où il descend vers la salle, Gotthold et Miklaus, aidés de Ukko, ont soulevé le corps inanimé du commandeur d'Auërsperg, et, précédés de Hartwig, dont la torche les éclaire, ils se dirigent vers la porte centrale. — Le comte d'Auërsperg vient de reprendre ses vêtements, et, comme il achève de ceinturer son justaucorps de cuir bruni, l'inconnu, maintenant sur les premières marches, lui apparaît.

AXEL, à lui-même

Maître Janus !

Un silence. Puis, avec un profond soupir :

Ah ! je me sens redevenir seulement un homme, en présence de ce vivant.

TROISIÈME PARTIE

LE MONDE OCCULTE

> Accueille tes pensées comme des hôtes,
> et tes désirs comme des enfants.
>
> Lao Tseu.

TROISIÈME PARTIE

LE MONDE OCCULTE

§ 1. — Au seuil

La même salle.

SCÈNE PREMIÈRE

AXEL, MAITRE JANUS

AXEL, *préoccupé et sombre*

Maître, c'est un homme que j'ai tué.

MAITRE JANUS, *allumant une des antiques lampes d'argile*

Soit.

AXEL, *à demi-voix, presque à lui-même*

Pour un secret... que je ne connais pas, — qu'hier j'oubliais, — et qui, depuis une heure, m'obsède, — m'envahit d'un intérêt, dont je croyais avoir brisé la servitude.

Il ouvre un in-folio, sur l'un des établis. — Ayant essayé de lire

— J'ai l'âme distraite jusqu'à trouver étrangères ces paroles dont les lueurs, tant de fois, m'ont ébloui. — C'en est fait ! Quelque chose s'est passé qui m'a rappelé sur la terre. Je le sens en moi, je veux vivre !...

MAITRE JANUS, à lui-même, regardant Axel à la lueur de la lampe

Te voici donc mûr pour l'Épreuve suprême. La vapeur du Sang versé pour de l'Or vient de t'amoindrir l'être : ses fatals effluves t'enveloppent, te pénétrant le cœur — et, sous leur influence pestilente, tu n'es plus qu'un enfant, sachant des paroles. Héritier des instincts de l'homme que tu as tué, les vieilles soifs de voluptés, de puissance et d'orgueil, respirées et résorbées en ton organisme, s'allument au plus rouge de tes veines. O redescendu des seuils sacrés, l'ancien mortel va ressusciter dans les méconnaissables yeux de l'Initié coupable ! C'est bien l'Heure. — Elle aussi va venir, celle qui renonça l'idéal Divin pour le secret de l'Or, comme tu vas renoncer, tout à l'heure, à tes sublimes finalités, pour ce méprisable secret. Voici donc en présence la dualité finale des deux races, élues par moi, du fond des âges, *pour que soit vaincue, par la simple et virginale Humanité, la double illusion de l'Or et de l'Amour*, — c'est-à-dire pour que soit fondée, en un point de Devenir, la vertu d'un Signe nouveau.

AXEL, à lui-même, à demi-voix

Il me semble que je m'éveille d'un songe chaste et pâle, rêvé en des éthers couleur de diamant — et dont le souvenir va s'effacer. Jusqu'ici, j'avais seulement vu la lumière de ce monde de prestiges que cet homme m'a dévoilé : en ce moment toute l'ombre m'en apparaît. Un doute immense me saisit... La Vie appelle ma jeunesse, plus forte que ces pensées trop pures pour l'âge de feu qui me domine! Ce mort m'a scandalisé,... le sang peut-être... N'importe! Je veux rompre cette chaîne et goûter à la vie!...

Il rêve

Ainsi, j'aurai passé ma jeunesse en ce donjon perdu, au milieu de ces contrées dont j'ai pris le caractère sauvage, — un sage aussi merveilleux que Janus m'aura élevé plus magnifiquement que les rois, revêtu d'un pouvoir terrible, mais seulement défensif, — je commande en cette épouvantable Forêt; — je sens, à présent, mon cœur bondir vers ces pays, jardins du monde, aux rivages reflétés par les mers orientales, vers ces palais aux chambres de marbre où s'éventent de blanches princesses enchantées, — et, seigneur des contes hindous, ne sachant où sont ses trésors, je me verrais condamné à languir entre ces murailles, à traquer les bêtes des bois pour distraire mon désespoir ! Non ! Dussé-je avoir recours à ces opérations d'enfer qui, du moins, brisent les obstacles et déchirent les secrets ténébreux, je découvrirai cet or foudroyant !... En demeurer plus longtemps l'étranger... serait de quoi s'aller briser dans un précipice.

MAITRE JANUS, qui a lu dans la pensée d'Axël

Ce n'était pas la peine de naître.

AXEL, comme se décidant, après l'avoir regardé

Maître, je sais que, selon la doctrine ancienne, pour devenir tout-puissant il faut vaincre, en soi, toute passion, oublier toute convoitise, détruire toute trace humaine, — assujettir par le détachement. — Homme, si tu cesses de limiter une chose en toi, c'est-à-dire de la désirer, si, par là, tu te retires d'elle, elle t'arrivera, féminine, comme l'eau vient remplir la place qu'on lui offre dans le creux de la main. Car tu possèdes l'être réel de toutes choses en ta pure volonté, et tu es le dieu que tu peux devenir. — Oui, tel est le dogme et l'arcane premier du réel Savoir.

— Eh bien, c'est acheter trop cher le néant : je suis homme ; je ne veux pas devenir une statue de pierre.

Maitre Janus

Libre à toi : seulement, l'univers ne se prosterne que devant les statues.

Axel

De quelle valeur serait la puissance, alors, pour moi ?

Maitre Janus

Tu tiens donc bien à toi ?

Axel, sombre

Ah ! n'ayant pas encore franchi les portes sombres, je commence à redouter un monde visionnaire — où toutes mes pensées peuvent rouler dans une vaine démence.

Maitre Janus

Le fleuve craint de devenir la mer — en s'y perdant.

Axel

Non. Le but ne vaut pas le chemin. Quoi ! l'absolu sacrifice pour trouver dans la Mort, peut-être, le Sommeil-sans-rêves? le Nul?... — Ah! je doute bien — des dieux!

Maitre Janus

Les dieux sont ceux qui ne doutent jamais. Échappe-toi, comme eux, par la foi, dans l'Incréé. Accomplis-toi dans ta lumière astrale! Surgis! Moissonne! Monte! Deviens ta propre fleur! Tu n'es que ce que tu penses : pense-toi donc éternel. Ne perds pas l'heure à douter de la porte qui s'ouvre, des instants que tu t'es dévolus en ton germe, et qui te sont laissés. — Ne sens-tu pas ton être impérissable briller au delà des doutes, au delà de toutes les nuits!

Axel

Et si la Mort abolit en moi toute mémoire?

Maitre Janus

Toute mémoire? — Et, dès ici, te souviens-tu d'hier? Ce qui passe, ou change, vaut-il qu'on se le rappelle? — De quoi voudrais-tu donc te souvenir?

Axel

Les tendances, résultat d'un douteux passé sont, peut-être une mémoire : cependant, qui me garantit de persister, conscient de moi-même, dans le suprême océan des nombres, des espèces, des formes ?

Maitre Janus

Sache acquérir, dès ici, de pouvoir devenir ce qui, dans l'Au-delà, te menace : — fais-toi comme l'avalanche qui n'est que ce qu'elle entraîne.

Axel

Et quelle impulsion *certaine* centraliserait, selon toi, dans mon être, — celui même de ces forces adverses ?...

Maitre Janus

Spiritualise ton corps : sublime-toi.

Soudaine, en un fracas horrible, la foudre brisant une des croisées, tombe en gouttes de feu dans la salle, avec un vaste éclair. Elle erre sur les armures et les objets des murailles, puis se rue vers l'âtre, le sillonne, y disparaît.

Axel, après un instant

Vois, maître ! comment prendre au sérieux une pensée — que ce misérable éclair de hasard pouvait à jamais interrompre en anéantissant mon être.

Maitre Janus impassible

Ton *être*, non : ton *devenir*, cette besace ! Un grain de sable suffirait à cette œuvre. Et tu hésites à secouer cette dépendance, à t'en délivrer ?

En parlant, maître Janus s'est détourné vers la fenêtre effondrée ; il a regardé l'atmosphère noire et sombre.
A présent, il se trouve que l'air s'est bleui, éclairci, illuminé : la pluie a cessé ; les rumeurs lointaines s'apaisent, l'orage s'étant comme résolu en ce dernier coup de tonnerre. La nuit est devenue sereine : c'est un calme enchantement sur les bois.
Axel regarde avec étonnement le pacifique aspect si soudain du dehors nocturne. Puis, il descend, en silence, vers l'âtre, s'assoit et son regard tombe sur la lueur de la lampe allumée par Maître Janus.

Axel.

Quelles étranges lueurs jette cette lampe ! C'est la vieille lampe isaïque, trouvée, en Palestine, par les Rose-Croix ? Pensif : Cette flamme qui me regarde a peut-être éclairé Salomon.

Il médite quelques instants.

Salomon ! — Ce nom éveille, en moi, des mondes de songes ! — Ah ! qui me donnera de découvrir l'Anneau ! tel que, dans le sépulcre inconnu du Prince-des-Mages, il resplendit, quelque part, sous l'Orient !

MAITRE JANUS

Le tombeau de Salomon, c'est la poitrine même de celui qui peut concevoir la Lumière-incréée.

AXEL

La Lumière-incréée, tout homme l'appelle simplement Dieu.

MAITRE JANUS

Si tu n'entends pas le sens de certaines paroles, tu périras, simplement, dans l'air qui m'entoure : tes poumons ne supporteront pas son poids étouffant. — Je n'instruis pas : j'éveille. — Alors que tu vagissais dans tes langes, si tu n'eus pas, sous tes paupières fermées, le regard tout empreint de cette *Lumière* qui pénètre, reconnaît et réfléchit l'Esprit substantiel des choses, l'esprit d'universalité entre les choses, je ne puis te donner ce regard. Si tes yeux sont vivants, si tes pieds sont libres, observe et avance. Nul n'est initié que par lui-même.

AXEL accoudé, — et souriant avec mélancolie

Et... deviendrai-je, alors, pareil à ces magiciens des veillées, dont les génies, en secouant des torches sous terre, éclairent de confuses pierreries ?

Pourrai-je transmuer les métaux, comme Hermès?
disposer les aimants, comme Paracelse? — ressusciter les morts, comme Apollonius de Tyane?
Trouverai-je, moi aussi, les pantacles contre les
Circonstances-fatales et contre les Terreurs-de-la
Nuit? les électuaires qui contraignent ou détruisent l'amour? le Magistère du soleil, par qui l'on
gouverne les éléments? l'Élixir de longue-vie?
comme Raymond Lulle, la Poudre de projection?
comme le Cosmopolite, — la Pierre philosophale !
Serai-je pareil aux mages de la grande légende?

MAITRE JANUS, impassible, le pied contre
la flaque de sang

Les « Mages » réels ne laissent point de nom
dans la mémoire des passants et leur sont à
jamais inconnus. Leur nombre, depuis les temps,
est le même nombre : mais ils forment un seul
esprit. Les songeurs que tu viens de nommer
furent d'utiles, de sages mortels. — Ce ne furent
pas des Délivrés. Les Mages réels, s'ils dédaignent
de vivre, — se dispensent aussi de mourir.

AXEL, tressaillant

Que serait donc un mage?

MAITRE JANUS, avec un vague sourire familier

Si tu tiens à savoir — même ce que tu demandes — pèse, d'abord, cette question simple et secrète : *Comment se fait-il que l'idée même ne te soit pas venue de me croire menacé, moi aussi, en ce danger qui vient de passer tout à l'heure autour de nous?*

AXEL, surpris et pensif

C'est vrai!... — Serais-tu?...

MAITRE JANUS, bref

Je suis un homme qui est devant toi. — Quant à ces mots, exhumés du vieux langage hermétique, et que tu prends plaisir à réciter, ils séduisent la jeunesse de ton intelligence par le brillant de leurs sons beaucoup plus que par ce qu'ils signifient. Ils ne te suggèrent que de cérébrales sensualités. Tu es dans l'âge où le scintillement des astres dérobe, à chaque instant, le sentiment du Ciel. — Oublie plutôt des expressions qui, sur tes lèvres, sont purement verbales et dont tu ne saurais encore entendre le sens vivant. Ne joue pas avec elles. Chacune de tes paroles flotte autour de toi quelques instants, puis... te quitte.

Il marche vers la fenêtre brisée, et l'ouvre d'un mouvement d'homme qui écarte un voile,

puis montrant les airs calmés et les étoiles.

— Regarde plutôt les cieux ! Où point de cieux, point d'ailes ! — Transfigure-toi dans leur silencieuse lumière : songe à développer dans la méditation, à purifier, au feu des épreuves et des sacrifices, l'influx infini de ta volonté ! à devenir un adepte dans la Science des forts ! à n'être plus qu'une intelligence affranchie des vœux et des liens de l'instant, en vue de la Loi suréternelle.

AXEL, avec une sorte d'intime découragement

Qui peut connaître la Loi ?

MAITRE JANUS

Qui peut rien connaître, sinon ce qu'il reconnaît ? Tu crois apprendre, tu te retrouves : l'univers n'est qu'un prétexte à ce développement de toute conscience. La Loi, c'est l'énergie des êtres ! c'est la Notion vive, libre, substantielle, qui, dans le Sensible et l'Invisible, émeut, anime, immobilise ou transforme la totalité des devenirs. — Tout en palpite ! — Exister, c'est l'affaiblir ou la renforcer en soi-même et se réaliser, en chaque pulsation, dans le résultat du choix accompli. —

Tu sors de l'Immémorial. Te voici, incarné, sous des voiles d'organisme, dans une prison de rapports. — Attiré par les aimants du Désir, attract originel, si tu leur cèdes, tu épaissis les liens pénétrants qui t'enveloppent. La Sensation que ton esprit caresse va changer tes nerfs en chaînes de plomb ! Et toute cette vieille Extériorité, maligne, compliquée, inflexible — qui te guette pour se nourrir de la volition-vive de ton entité — te sèmera bientôt, poussière précieuse et consciente, en ses chimismes et ses contingences, avec la main décisive de la Mort. La Mort, c'est avoir choisi. C'est l'Impersonnel, c'est le Devenu.

Silence.

Quelque tendance confuse te presse-t-elle encore de ressaisir la vérité de ton origine ? Épouse, en toi, la destruction de la Nature. Résiste à ses aimants mortels. Sois la privation ! Renonce ! Délivre-toi. Sois ta propre victime ! Consacre-toi sur les brasiers d'amour de la Science-auguste pour y mourir, en ascète, de la mort des phénix. — Ainsi, réfléchissant l'essentielle valeur de tes jours sur la Loi, tous leurs moments, pénétrés de sa réfraction, participeront de sa pérennité. Ainsi, tu annuleras en toi, autour de toi, toute limite ! Et, oublieux à jamais de ce qui fut l'illusion de toi-même, ayant conquis l'idée, — libre enfin, — de ton être, tu redeviendras, dans l'Intemporel, — esprit purifié, distincte essence en l'Esprit Absolu, — le consort même de ce que tu appelles Déité.

AXEL, à lui-même, sans parler

Je suis un roi pauvre. Si la splendeur du paternel trésor m'était dévoilée, je pourrais choisir en liberté : — mais quoi ! je n'ai même pas le mérite du sacrifice : le Destin me force à vivre de rêves.

MAITRE JANUS, qui a lu dans la pensée d'Axel

Et de quoi voudrais-tu vivre ? — De quoi vivent les vivants, sinon de mirages, — d'espoirs vils, toujours déçus ? Est-ce donc celui qui peut choisir qui est libre ? Non, celui-là seul est libre qui, ayant *pour jamais* opté, c'est-à-dire ne pouvant plus faillir, n'est plus contraint d'hésiter. — La liberté n'est, en vérité, que la délivrance. Se plaindre de l'absence du danger, c'est constater la possibilité d'un esclavage : c'est donc appeler la tentation : — daigner cela, c'est déjà succomber. Tu viens d'avoir une pensée terrestre.

AXEL, brusquement

Et quand je serais homme, un instant? La terre est belle! Mes jeunes veines roulent un sang de flamme. Le grand crime d'aimer et de vivre ! Et toi, qui me crois perdu, souviens-toi : tout retourne à sa cause natale ! De tel côté que j'inclinerai la torche, la flamme, en sa mémoire naturelle, tendra vers les Cieux.

Maitre Janus

Chaque fois que tu « aimes », tu meurs d'autant. Si tu ne dépouilles à jamais, d'un seul coup, toute miséricorde pour les attirances de l'argile, ton esprit, plus lourd de chaque rêve accompli, sera pénétré par l'Instinct, s'enchaînera dans la Pesanteur, et ton heure une fois révolue, jouet, dans l'Impersonnel, de tous les vents de la Limite, disséminé, conscience éparse en tes anciens désirs, vaines étincelles, tu es strictement perdu. Ne projette donc jamais plus que sur l'Incréée-Lumière la somme de tes actes et de tes pensées.

Axel

Je veux l'instant d'oubli : — j'ai droit...

Maitre Janus

Révoqueras-tu mieux un instant qu'un siècle, en l'éternel ? A quoi les distinguer l'un de l'autre ? — Chacun des moments de ton actualité mouvante est projeté, par toi, circulairement et à jamais. Tu le retrouveras orbiculaire, infinisé en toi-même. Ta personnalité n'est qu'une dette que tu dois acquitter jusqu'à la dernière fibre, jusqu'à la dernière sensation, si tu veux te gagner sur l'immense misère du Devenir.

Axel

Ah! le sage peut bien se distraire de la Sagesse!

Maitre Janus

L'insensé, seul, peut rêver de fuir ce qu'il aime.

Axel

Enfin, j'ai conquis le droit de respirer sur la montagne avant de poursuivre plus haut! Laisse-moi regarder, au moins comme un adieu, ce que j'abandonne.

Maitre Janus

Un esprit réellement élevé, c'est-à-dire fendant d'intellectuels éthers de son assomption divine, en demandant la faveur d'un arrêt, d'une chute, serait-il intelligible pour lui-même? Il est, essentiellement, trop tard, en toi, pour ces ombres de concepts irréels, enveloppées de limbes d'inconscience, en qui se contredit la vitalité du verbe.

Celui qui s'arrête sur le seuil et se détourne, orgueilleux des marches gravies, entre et redescend dans son propre regard, quelque vague qu'ait été ce regard, et il a — pour mesure de sa chute — l'orgueil même qu'il a éprouvé de sa dès lors fictive élévation.

Axel

Je puis me laisser aller au courant de mes passions sans être entraîné par elles, comme un nageur dans un fleuve.

Maitre Janus

Un torrent que nul ne remonte : ne te mens pas, cœur tenté ! un Délivré seul peut s'attarder, en effleurant la terre, sans cesser pour cela d'être également aux Cieux, — comme le rayon d'un soleil peut errer ici-bas, et vivifier de sa chaleur bienfaisante, la terre — sans, pour cela, quitter son céleste foyer natal. Deviens un être de lumière, avant de braver... avec un léger sourire. *nos* crépuscules.

Axel

Je suis enveloppé, dis-je, du manteau d'Apollonius ! J'ai la Lampe — et, aussi, le Bâton sacré pour affermir la longue marche ! — A quoi m'auraient servi tant de veilles, d'études, — tant de pensées, hélas! si j'étais sans avoir même acquis le pouvoir de refouler...

Maitre Janus

Ici tu es l'hypocrite de ton propre espoir. Autour d'un corps sensuel, le Manteau s'effrange, s'élime et se troue, laissant passer le vent des sépulcres ; dans la main gauche de l'Impudique, la Lampe vacille et décroît, prête à s'éteindre : en la droite de l'Initié qui s'éloigne, le Bâton d'appui s'allège, devenant une branche de bois mort. S'autoriser de l'immunité d'un mérite pour tenter, impunément, des actions inférieures, est-ce donc avoir mérité? — Si ton esprit est investi d'une force et d'une lueur saintes, cesse à jamais d'admettre, avec complaisance, en lui, la présence de telles pensées. — A chacune de tes idées, même ainsi oiseuses, tu infuses de ton être, et cette idée, par cela même, devient l'un des virtuels moments de l'Apparaître-futur que ta vie enfante et que la Mort te contraindra d'incorporer. Car les entités vibrent en l'infinie gestation de ce qui les totalise, et la Mort met au monde-absolu. Ton existence n'est que l'agitation de ton être en l'occulte utérus où s'élabore ton futur définitif, — ta conception décisive, — le devoir de te reconquérir sur le monde.

AXEL

Lourd devoir ?

MAITRE JANUS

Si tu le veux alléger, tu le pervertis : tu l'enfreins. Espères-tu transiger avec ce qui est sans bornes, et flotter, incertain, dans l'obligation, sans te définir en ta propre angoisse ? Que seraient donc les pratiques disciplinaires de l'ascète, sinon les degrés même de l'affranchissement d'un esprit qui se libère et se retrouve, se récupère et s'élargit en son incommensurable entité ? L'attrait de toute dissipation temporelle n'est qu'un obstacle — aussi dangereux que misérable.

AXEL

Et — si la parole des fils d'une femme ne portait pas au delà de... ce mensonge d'espace qui enveloppe la terre ? — Non ! non ! Si toute cette menaçante doctrine c'était la grande Vérité, ce serait à la maudire : l'univers ne serait qu'un piège éternel tendu à l'humanité.

MAITRE JANUS

Sache une fois pour toujours, qu'il n'est d'autre

univers pour toi que la conception même qui s'en réfléchit au fond de tes pensées ; — car tu ne peux le voir pleinement, ni le connaître, en distinguer même un seul point tel que ce mystérieux point doit être en sa réalité. Si, par impossible, tu pouvais, un moment, embrasser l'omnivision du monde, ce serait encore une illusion l'instant d'après, puisque l'univers change — comme tu changes toi-même — à chaque battement de tes veines, — et qu'ainsi son Apparaître, quel qu'il puisse être, n'est, en principe, que fictif, mobile, illusoire, insaisissable.

Et tu en fais partie ! — Où ta limite, en lui ? Où la sienne, en toi ?... C'est toi qu'il appellerait l' « univers » s'il n'était aveugle et sans parole ! Il s'agit donc de t'en isoler ! de t'en affranchir ! de vaincre, en toi, ses fictions, ses mobilités, son illusoire, — son *caractère !* Telle est la vérité, selon l'absolu que tu peux pressentir, car la Vérité n'est, elle-même, qu'une indécise conception de l'espèce où tu passes et qui prête à la Totalité les formes de son esprit. Si tu veux la posséder, crée-la ! comme tout le reste ! Tu n'emporteras, tu ne seras que ta création. Le monde n'aura jamais, pour toi, d'autre sens que celui que tu lui attribueras. Grandis-toi donc, sous ses voiles, en lui conférant le sens sublime de t'en délivrer ! ne t'amoindris pas en t'asservissant aux sens d'esclave par lesquels il t'enserre et t'enchaîne. Puisque tu ne sortiras pas de l'illusion que tu te feras de l'univers, choisis la plus divine. Ne perds pas le temps à tressaillir, ni à somnoler dans une indolence incrédule ou indécise, ni à disputer avec le langage changeant de la poudre et de la vermine. Tu es ton futur créateur. Tu es un Dieu qui ne feint d'oublier sa toute-essence qu'afin d'en réaliser le rayonnement. Ce que tu nommes l'univers n'est que le résultat de cette feintise dont tu contiens le secret. Reconnais-toi ! Profère-toi dans l'Être ! Extrais-toi de la geôle du monde, enfant des prisonniers. Évade-toi du Devenir ! Ta « Vérité » sera ce que tu l'auras conçue : son essence n'est-elle pas infinie, comme toi ! Ose donc l'enfanter la plus radieuse, c'est-à-dire la *choisir* telle... car elle aura, déjà, précédé de son être tes pensées, devant s'y *appeler* sous cette forme où tu l'y reconnaîtras !... — Conclus, enfin, qu'il est difficile de redevenir un Dieu — et passe outre : car cette pensée, même, si tu t'y arrêtes, devient inférieure : elle contient une hésitation stérile.

Ceci est la Loi de l'Espérable : c'est l'évidence unique, attestée par notre infini intérieur. Le devoir est donc d'essayer, si l'on est *appelé* par le dieu que l'on porte ! Et voici que ceux-là qui ont osé, qui ont voulu, qui ont, en confiance natale, embrassé la loi du radical détachement des choses et conformé leur vie, tous leurs actes, et leurs plus intimes pensées, à la sublimité de cette doctrine, affranchissant leur être dans l'ascétisme, — voici que, tout à coup, ces élus de l'Esprit sentent effluer d'eux-mêmes où leur provenir, de toutes parts, dans la vastitude, mille et mille invisibles fils vibrants en lesquels court leur Volonté sur les événements du monde, sur les phases des destins, des empires, sur l'influente lueur des astres, sur les forces déchaînées des éléments? Et, de plus en plus, ils grandissent en cette puissance, à chaque degré de pureté conquise ! C'est la sanction de l'Espérable. C'est là le seuil du monde occulte.

AXEL, qui écoute à peine, en une distraction profonde,
comme ne pouvant déjà plus croire ni comprendre

Oh ! ces torrentielles richesses radieuses ! — ce ne sont même plus des richesses ! non : c'est un talisman.

MAITRE JANUS

Quelles puériles paroles, filles de l'Instinct, fumée de la terre, as-tu encore prononcées? Tu te juges « pauvre », toi, qui d'un regard peux posséder le monde ! Tu veux aussi « acheter » comme les humains, et passer des contrats, agiter des papiers — pour être sûr que tu possèdes une chose ! Ainsi, tu ne te croirais le maître d'un palais par toi contemplé, que si tu devenais, par un traité, le prisonnier de ses pierres, l'esclave de ses valets, l'envie de ses hôtes roulant vers toi des yeux vides ! Alors que tu devrais pouvoir y entrer et que, devant ta seule présence. et ton souverain regard, tous les serviteurs viendraient t'obéir — et que le prétendu « maître » de ce même palais, leur dirait en balbutiant, et incliné devant la lumière de ta face : — « Adressez-vous à lui. » — La maladie de la Jeunesse te trouble-t-elle au point de l'avoir oublié ? — Eh bien, si c'est son ivresse qui te dirige, certes, il est aussi salubre, pour toi, de posséder de sonnantes pièces d'or que des sentences d'illuminé. Si tu peux porter une bourse, il faut la remplir. Mais, voici qu'il faut te décider, puisque te voici déchu jusqu'à pouvoir choisir : détermine-toi. Dis si tu es libre seulement d'exclure de ta pensée la vaine obsession de cet or ? — Tu hésites ? tu vois bien que tu n'es pas libre, n'étant pas délivré.

Axel

Les rameaux sont froids de l'Arbre de la Science :

quels sont les fruits, enfin, que produisent leurs fleurs glaciales?

Maitre Janus

Comprendre, c'est le reflet de créer. — Si tu désires d'autres paroles... N'essayais-tu pas de lire, tout à l'heure? Reprends ta lecture. Peut-être ce livre te répondra-t-il mieux que moi : — je n'offre que ce qui suffit.

Axel, s'approchant de l'in-folio resté ouvert, et lisant à haute voix

« A toi, si tu le veux, l'Accomplissement! la Volonté-vibrante, qui brise et transforme les forces de la Nature! l'empire des forces cachées! l'auxiliatrice possession de la Vertu, la délivrance des tentations proscrites! l'amour du Bien pour sa pure sublimité; la communion avec la Raison-d'être, la Toute-puissance, enfin, sur l'apparent univers — ton ombre! — vaincu et redevenu Toi-même.

« Alors, génie, emporté par l'Instinct céleste, tu fouleras de tes pieds intrépides les cimes de ces empyrées, parvis de l'Esprit du monde. Pénétré de ton Idéal, passé toi-même en lui, trempé dans les flammes-astrales, rénové par les épreuves, tu seras l'essentiel contemplateur de ton irradiation. Inaccessible aux appels de la Mort et de la Vie, — c'est-à-dire à ce qui est encore *toi-même* — tu seras devenu, dans la Lumière, une liberté pensante, infaillible, dominatrice. »

Il rêve un instant, puis, avec mélancolie :

O promesses fondées sur la bénévole complicité des hasards, — et qui me sont offertes en des expressions d'une impersuasive et téméraire solennité! Qui me garantit de *durer,* moi m'efforçant vers lui, jusqu'à cet état de gloire? Si je m'examine, roseau d'un jour, sujet de l'heure qui passe, que suis-je? un peu d'humanité... et qu'est-ce que l'Humanité!

Il sourit dédaigneusement.

MAITRE JANUS

Elle t'a donné le sourire avec lequel tu viens, au mépris de ta conscience, d'attenter à sa dignité maternelle.

AXEL, s'assombrissant

Suis-je donc un esprit de rebut, un fétu de paille, un enfant?

MAITRE JANUS

Révolte-toi. La montagne aussi est une colère.

Voyons la hauteur de la tienne! — Mais non ; ton âme s'est alourdie du poids mental de cet or ; tu crois te révolter, et tu ne fais qu'obéir aux instincts d'en bas qui déjà bouillonnent en toi, de sorte que ta rébellion n'est, déjà, que la forme même de ton châtiment.

Axel

Maître Janus !

Maitre Janus

Ah ! choisis. J'attends. — Ton seul silence me suffira. Une seule parole d'indifférence ou de courroux, et je t'aurai pour jamais quitté.

§ 2. — Le renonciateur

AXEL, après un moment, à lui-même

Je ne connais pas cet homme qui m'a élevé.

Il s'assoit et rêve.

Forces-vives qui assemblez les lois de la Substance, Êtres occultes en qui se conçoivent les générations des éléments, des hasards, des phénomènes, — oh! si vous n'étiez pas impersonnels ! Si les termes abstraits, les creux exposants, dont nous voilons vos présences, n'étaient que de vaines syllabes humaines ! Et, dans la chaîne des contacts infinis, s'il était un point où l'Esprit de l'homme, affranchi de toute médiation, pouvait se trouver en un rapport avec votre essence et s'agréger votre énergie ! Pourquoi, pourquoi ne serait-ce donc pas? Que serait un Infini tronqué de cette possibilité — si probable, si naturelle?

Comme perdu en des pensées :

Au nom de quelle vérité l'Homme pourrait-il condamner une doctrine, si ce n'est au nom d'une autre doctrine, de principes aussi discutables que ceux de la première ? Et, autre âge, autres principes. La Science constate, mais n'explique pas : c'est la fille aînée des chimères ; toutes les chimères sont donc, au même titre que le monde — la plus ancienne ! — *quelque chose de plus* que le Néant... Brusquement: Ah ! que m'importe ! c'est trop sombre ! je veux vivre ! Je veux *ne plus savoir !* — L'or est le hasard, voilà le mot de la Terre. — Sphères de l'Élection sacrée, puisque vous aussi n'êtes jamais que *possibles*, adieu !

Maitre Janus

C'est à toi de rendre réel ce qui, sans ton vouloir, n'est que possible.

Acceptes-tu la Lumière, l'Espérance et la Vie ?

Axel, après un grand silence et relevant la tête.

Non.

Maitre Janus

Sois donc ton propre apostat. — Baigne de ton esprit la chair. Revêts de tes désirs les lignes des créatures, leur nudité : dissémine-toi ! Multiplie les mailles de tes chaînes ! Deviens-les ! Deviens encore des entrailles ! Goûte aux fruits de réprobation et d'angoisse ; tu en cracheras bientôt la cendre, car ils sont pareils à ceux de la Mer Morte. Enrichis d'une entité de plus le monde noir où souffrent les volontés éteintes qui ne se sont pas éperdument élancées, au dédain de toutes choses, vers l'Incréée-Lumière ! Plus d'espérances hautes, d'épreuves rédemptrices, de surnaturelle gloire ; plus de quiétude intérieure. Tu l'as voulu. Tu es devenu ton justicier et tu te seras précipité toi-même. Adieu.

Axël s'est croisé les bras et demeure les yeux fixes, sans parler. Maître Janus s'est approché de l'escalier de pierre : il fait un signe en étendant la main : — coup de cloche au loin dans la nuit.

SCÈNE II

MAITRE JANUS, AXEL, GOTTHOLD

GOTTHOLD, entrant

Monseigneur, il arrive ceci que Walter Schwert et le majordome ont rencontré, en chemin, un carrosse. Ils ont dû guider les chevaux jusqu'ici. — C'est une voyageuse en deuil ; elle demande l'hospitalité.

Axel, *distraitement, à lui-même*

Ah! cette femme qui, dès son entrée en Forêt, a demandé le chemin du burg, et à qui j'ai envoyé des guides...

Gotthold

Elle a levé son voile un moment, devant le feu, dans la salle basse; — c'est une jeune femme d'une grande beauté; mais je n'ai jamais vu de visage aussi pâle.

Axel, *se détournant*

Eh bien, regarde!

Gotthold recule d'un pas, avec stupeur, devant la pâleur terrible d'Axel.

Réveille une des filles du château; qu'on allume des lampes et du feu dans la chambre la moins délabrée. Préviens cette visiteuse que le comte d'Auërsperg la salue.

Gotthold

C'est fait, monseigneur, et je précède cette dame inconnue qui va passer, conduite par Élisabeth, vers la chambre de votre aïeule.

Axel

Bien. — Pourquoi n'entends-je pas Ukko ? — Ce serait à lui...

Gotthold, baissant la voix

Il est dans l'obituaire, avec Miklaus, Hartwig et herr Zacharias, pour l'ensevelissement. Je dois aller les aider tout à l'heure. Il est bon que cette besogne soit accomplie par nous seuls.

Axel

Ah ! c'est juste, — j'avais oublié.

Il se détourne, se laisse tomber sur l'un des sièges et s'y accoude, comme sans plus prêter d'attention aux choses environnantes.

SCÈNE III

LES MÊMES, SARA

Au fond, au delà du seuil de la salle, paraît Sara, vêtue de noir, un voile de deuil autour du visage ; elle est précédée d'une jeune fille portant le costume des paysannes du Schwartzwald : celle-ci élève au-devant d'elle un candélabre allumé.
En passant au dehors, dans le vestibule, devant la

vaste porte ouverte, Sara se détourne à demi vers la salle et aperçoit Axël, qui, accoudé près du foyer, ne la voit pas.
Elle le regarde un instant, — puis, continuant de passer, disparaît.

MAITRE JANUS, à lui-même, au sommet
de l'escalier de pierre

Le Voile et le Manteau, tous deux renonciateurs, se sont croisés : l'OEuvre s'accomplit.

QUATRIÈME PARTIE

LE MONDE PASSIONNEL

QUATRIÈME PARTIE

LE MONDE PASSIONNEL

§ 1. — L'épreuve par l'or et par l'amour

La galerie des sépultures sous les cryptes du burg d'Auërsperg.

Au fond, dominant les tombeaux, l'écusson familial, sculpté sur le granit de la muraille.

A droite et à gauche, dans toute la longueur de la salle, des mausolées de marbre blanc. — Statues de chevaliers et de châtelaines, les premiers debout ou agenouillés sur leurs tombes; les femmes, dans les costumes des siècles où elles vécurent, sont étendues, les mains jointes, au long des pierres de leurs sépulcres ; — lévriers de marbre sculptés à leurs pieds.

Une lampe funéraire, suspendue à la voûte centrale, éclaire confusément l'obituaire. — Auprès d'un bénitier de porphyre, un grand prie-dieu, en ébène, à coussins de velours d'Utrecht violet, usé, à glands d'un or terni.

A gauche, au lointain de l'allée, dans l'angle de la muraille, un soupirail élevé, à vitraux, au dehors rosacé de fer ; — une draperie noire le voile à moitié. Vers le centre, de ce côté, porte basse, creusée dans l'épaisseur du mur.

A droite, au fond de la galerie, et de face, porte de fer ogivale, à deux battants, massive, au-dessus de trois degrés et s'ouvrant sur la spirale de marches d'un haut escalier de pierre.

Au milieu, entre les tombes, sur un trépied, brûle-parfums de bronze, d'où sort une flamme.

A gauche, auprès de la muraille, Gotthold et Miklaus, appuyés chacun sur une bêche, regardent herr Zacharias, occupé à écrire, au pinceau d'argent, sur une croix d'ébène, le nom du défunt qu'ils viennent d'ensevelir. — A droite, Hartwig classe différents objets sur un support de pierre. — Ukko se tient debout, souriant, accoudé au prie-Dieu, regardant aussi herr Zacharias.

SCÈNE PREMIÈRE

UKKO, GOTTHOLD, herr ZACHARIAS, HARTWIG, MIKLAUS

Ukko

L'épitaphe ? la voici : — Ce fut un seigneur insoucieux, qui prisa fort la bonne chère et les belles femmes. Que cette excellente lame, d'ailleurs, intercède pour nous dans la lumière divine !

Gotthold

Moins de bruit, tapageur ! Ce mort a droit au silence.

Ukko

Je ne donne pas, à l'étourdie, le titre de *mort* à qui mérita trop peu celui de vivant. Ci repose un brillant misérable, un tas d'assouvissements, qui n'aima ni ne pria jamais. Dès lors, apparu, disparu, rieur ou grave, que nous est-il? Il s'est moqué de tout : tout se moque de lui. Une dernière pelletée, et bonsoir!

Gotthold

Taisons-nous, Ukko!

Miklaus

C'est un spectre comme un autre, à la fin des fins!

Ukko

Çà? je vous défie de tirer, fût-ce à vous deux, un spectre, — de ce sac à vin mis en perce et vidé.

Gotthold

Colères d'enfant! folles colères d'entêté...

Ukko, souriant

L'indignation, bien natale, ne s'use pas; elle

croît avec la vie; elle ne se laisse pas travestir du nom de colère. — Va, lions et chacals, s'ils semblent égaux, en tant qu'animaux, savent, de toute éternité, qu'ils ne sont pas de même nature.

MIKLAUS, joignant les mains sur sa bêche

Tu nous effrayes, mon garçon.

UKKO

Vous pensez ce que moi j'ose dire.

GOTTHOLD

Commes tu juges vite les trépassés, toi — qui as encore du lait dans le nez!

UKKO

Lequel de vous, mort, se soucierait de partager cette fosse?... Un silence. Vous voyez.

MIKLAUS, pensif

Après tout, ce fut un gentilhomme d'un sang brave.

UKKO

Son sang le faisait brave, non pas son cœur — et ce fut un gentilhomme — comme un ducat de cuivre, bien frotté, est une pièce d'or. Que vaut la fausse monnaie? moins que son métal.

GOTTHOLD

Chut!

UKKO

Qui peut nous entendre? Une fois ces massives portes de fer refermées, le tonnerre tomberait ici qu'on ne l'entendrait pas, tant ces voûtes sont épaisses; — le fond se perd dans la montagne.

GOTTHOLD

Je veux dire que ces pierres couvrent des voisins du même nom que lui.

UKKO, glacial

Honorer celui-ci, c'est manquer à ceux-là.

HERR ZACHARIAS, se levant, appuyé
sur la grande croix noire

Enfant, son être a coûté, comme le tien, le sang d'un dieu. Tu es dans l'âge de la vigueur; va, cela passe vite — et, alors, la voix ne s'élève plus si rude contre des mânes. — Aide-moi, plutôt, à planter solidement cette croix dans cette terre fraîche.

UKKO, murmurant

Une croix là-dessus? C'est offrir beaucoup à qui s'en soucierait peu.

GOTTHOLD ET MIKLAUS, scandalisés et sévères

Ukko! nous allons nous fâcher.

UKKO

Soit : mais je tiens que c'est vous qu'il prierait de se taire, s'il vous entendait. Brisons là, je dois vénérer vos... coutumes. A lui-même : — Et, au fait! un rayon de soleil ou d'étoile peut faire étinceler même le fumier. Enfonçant la croix sur la fosse : — Donc, à tout hasard !

HARTWIG, arrivant et jetant une poudre
dans le brûle-parfums

Voici de l'encens.

UKKO

Oh! rien ne pressait encore.

SCÈNE II

LES MÊMES, AXEL, entrant par la porte basse,
en habit de voyage et en manteau noir.

Axel

Il est bientôt minuit : demain, à pareille heure, je serai loin... Je viens vous dire adieu.

Herr Zacharias, tressaillant douloureusement

Oh ! vous partez, mon cher maître ?

Gotthold, balbutiant

Monseigneur, nous sommes très âgés : nous eussions bien voulu que votre main nous fermât les yeux, dans quelques jours.

Axel, les regardant, et après un profond silence

Amis, — amis ! mes vieux enfants ! — il le faut. Pardonnez ! A (Ukko:) Tu commanderas ici, en mon absence — excepté à ceux-ci, que tu aimes et qui t'aiment.

UKKO, déconcerté, balbutiant

Quoi ! tu ne m'emmènes pas ? Tu ne m'emmènes pas ?

AXEL, tout bas, avec un sourire triste

Et ta fiancée, enfant ! et ta patrie ! — Je dois partir, sans vous revoir, au lever du soleil, en ce jour de Pâques. Si vous voulez me faire fête, eh bien, que l'on sonne, dès l'aurore, nos plus belles et anciennes fanfares ; je les entendrai de loin ; cela me rappellera l'autrefois superbe. Cette nuit, si vous n'avez pas sommeil, buvez et chantez ! Enterrez au fond du verre les souvenirs d'ancienne gloire et de ferraille ! — Embrassez-moi.

HARTWIG, MIKLAUS, HERR ZACHARIAS ET GOTTHOLD

Adieu, Auërsperg !

AXEL, après les avoir serrés dans ses bras l'un après l'autre, — à Ukko:

J'ai réveillé le maître forestier, le bon père Hans Glück, tout à l'heure, dans la forêt. Tu sais qu'il t'attendra demain, dès l'aube, pour tes fiançailles ?

UKKO

O mon maître !

AXEL, l'embrassant

Mon fils !

Il ouvre les bras ; Ukko s'y précipite et, tout en larmes, l'embrasse.

Tu trouveras, sur ma table, un parchemin signé d'Axël : à toi ce château, si je n'y reviens plus.

UKKO, sanglotant

Hélas !

AXEL

Vos mains, — et adieu. Laissez-moi seul, à présent ; et voici mon dernier ordre : que personne, à l'avenir, ne descende ici.

Les quatre vieillards s'inclinent, les yeux en pleurs.

GOTTHOLD, à demi-voix

C'est la dernière fois que nous le voyons.

MIKLAUS, s'essuyant les paupières d'un revers de main

Lui, dont le regard nous nourrissait !

HERR ZACHARIAS, à lui-même un peu hagard

O consternation ! le grand trésor, perdu, perdu ! J'ai vécu trop de jours, moi, depuis ce matin.

Ils marchent vers la porte basse. Ukko, le front dans les mains, hésite un instant, — puis revient et se jette sur la main d'Axël, qu'il baise avec une désolation muette.

AXEL

Adieu !

Le page, en chancelant, rejoint les quatre vieillards et sort avec eux en sanglotant. La porte se referme. Axël jette son manteau sur le prie-Dieu.

SCÈNE III

AXEL, seul, — regardant autour de lui

Cendres, je suis la veille de ce que vous êtes. Un silence. Ici, l'adieu retombe, vide, en son propre écho. — Contempler des ossements, c'est se regarder au miroir. — A quoi bon parler, ici ?

Il s'assoit sur une tombe et, joignant ses mains pendantes, les yeux fixes, il s'abandonne au cours d'une méditation mystérieuse. Au bout de longs instants, relevant la tête :

— O dormeurs, ô rose-croix, mes devanciers ! S'il est des paroles qui troubleraient vos sommeils, je les oublie, n'ayant pas à fatiguer vos ombres de puériles obsécrations — et l'objet de ma songerie n'étant, devant la Mort, qu'une vanité. Regardant le grand écusson sculpté dans la muraille et sur lequel tombe une effusion de lumière de la lampe : Mais vous, granitiques sphinx aux faces d'or, qui semblez supporter le secret de la Toute-richesse, soyez évoqués, êtres de rêve ! — Ô figures d'au delà, je vous adjure, — par la plus effroyable des choses, par l'indifférence du Destin ! Je vous ordonne de relever de son normal silence la solitaire Tête de mort qui aggrave, d'un symbole, le signe d'une race que je résume, afin que cette Tête me donne à entendre, — soit d'une lueur de ses orbites, soit de tel acte miraculeux, d'une parole, — l'énigme de ces pierres radieuses qui ornent son bandeau, — afin qu'elle me révèle ce que signifie, enfin, l'auréole de ces mots sacrés : ALTIUS RESURGERE SPERO GEMMATUS.

A peine a-t-il prononcé les paroles de cette devise, qu'il tressaille, comme écoutant un bruissement de pas qui se rapprochent, invisibles.

Relevant la tête, il semble oublieux, tout à coup, de ces mêmes paroles, — et comme en proie à quelque humaine distraction, provenue de ce bruit de pas inattendu.

Qu'est-ce donc ? Est-ce le cri du vent ? Depuis un instant, je crois entendre... oui... l'escalier est sonore et quelqu'un marche très doucement. — Ukko, sans doute ?... Non ! J'ai défendu tout à l'heure que personne revînt ici.

Il regarde à travers les battants de la grande porte de l'escalier de pierre ; puis avec un mouvement de surprise :

Une femme! — J'ai bien vu. C'est une femme. — Ah! sans doute, celle de cette nuit! Qu'est-ce donc? Son flambeau, qu'elle tient au-dessus de sa tête, m'empêche de voir son visage. Elle descend vers ces caveaux perdus... et sans hésiter, comme si elle les connaissait ! — Quelque chose brille et reluit, par instants, dans sa main : — c'est un poignard, je crois. Que signifie ceci?... Mais, en vérité, son insomnie ressemble à la mienne! Sa démarche est bien assurée... Il regarde autour de lui. Quelle mystérieuse curiosité s'éveille en moi? Elle approche... Ah! je veux savoir!...

Il se cache dans un angle des murailles.

SCÈNE IV

AXEL, SARA

Sara, dans ses vêtements noirs et demi-voilée, — élevant, d'une main, le flambeau, serrant, de l'autre, un solide poignard, pousse les deux battants de la lourde porte de fer ; ceux-ci roulent silencieusement ; elle apparaît, alors, debout, sur les marches de pierre.
Taciturne, elle observe avec une attention profonde l'intérieur de la salle. D'un regard errant, elle sonde

les intervalles des tombes. Puis, elle descend les dernières marches, entre, referme la porte sur elle et assujettit la barre des battants.

Elle marche vers la porte de droite et pousse également, dans les écrous des murs, les verrous de fer.

Cela fait, elle pose le flambeau sur un socle funèbre, puis se dirige vers la massive muraille du fond de l'obituaire.

Là, s'étant détournée encore une fois vers l'ensemble de la salle et le séculaire silence des statues, elle demeure pensive quelques instants, puis regarde fixement les étranges armoiries sur la muraille.

Bientôt, posant le pied sur l'exhaussement d'une dalle, elle s'approche de l'Écusson, qu'elle semble contempler avec une attention mystérieuse.

Enfin, joignant les mains sur le pommeau de son poignard, elle paraît rassembler toute sa juvénile force, et appuie la pointe de la lame entre les yeux de l'héraldique Tête de mort.

Sara

Macte animo ! ultima...

Soudain toute l'épaisseur du pan de mur, se scindant en une large ouverture voûtée, glisse et s'abîme, lentement, sous terre, au-devant de Sara, laissant entrevoir de sombres galeries, aux spacieux arceaux, qui s'étendent au plus profond du souterrain.

Et voici que, du sommet de la fissure cintrée de l'ouverture, — à mesure que celle-ci s'élargit plus béante, — s'échappe, d'abord, une scintillante averse de pierreries, une bruissante pluie de diamants et, l'instant d'après, un écroulement de gemmes de toutes couleurs, mouillées de lumières, une myriade de brillants aux facettes d'éclairs, de lourds colliers de diamants encore, sans nombre, de bijoux en feu, de perles. — Ce torrentiel ruissellement de lueurs semble inonder, brusquement, les épaules, les cheveux et les vêtements de Sara : les pierres précieuses et les perles bondissent autour d'elle de toutes parts, tintant sur le marbre des tombes et rejaillissant, en gerbes d'éblouissantes étincelles, jusque sur les blanches statues, avec le crépitement d'un incendie.

Et, comme ce pan de la muraille s'est, maintenant, enfoncé plus d'à moitié sous terre, voici que, des deux côtés de la vaste embrasure, de tonnantes et sonnantes cataractes d'or liquide se profluent aux pieds de la ténébreuse advenue.

Ainsi que, tout à l'heure les pierreries, de roulants flots de pièces d'or tombent formidablement de l'intérieur de barils défoncés, brisés par la rouille et par la pression de leur nombre.

Les premiers, leurs propres richesses en ont tassé et calé, dans l'immense caverne, les entrecroisements ; les autres, accumulés, derrière eux, en désordre, se superposent et s'allongent en centaines massives. Çà et là, dans les lointains intervalles, des reflets du flambeau laissent distinguer, sur le fond de l'obscurité, quelque bande jaunie d'un parchemin, que scelle encore, en des moisissures, une large empreinte de cire rouge.

Les dunes d'or les plus proches, amoncelées contre cette paroi disparue du mur — qui s'est arrêtée au ras du sol — roulent, à profusion, bruissent, bourdonnent, et se répandent, follement — irruption vermeille — à travers les allées sépulcrales.

Alors, s'appuyant d'une main contre l'épaule d'une

très ancienne statue de chevalier, Sara s'est redressée, au centre de tout ce rayonnement où se multiplie, en mille et mille réfractions, la double flamme funéraire de la lampe et du vacillant flambeau ; — puis, toujours pâle, grave et les paupières abaissées, apparaissant, ainsi, vêtue de deuil, en cette effusion de splendeurs, elle achève de murmurer sa familiale devise que cette éruption terrible de trésors vient d'interrompre :

... PERFULGET SOLA!

Étendant, ensuite, la main devant elle, elle soulève, au hasard, une poignée de grands colliers de diamants et semble mirer, un moment, son visage et ses yeux dans leur onde radieuse.

Cependant, au vague pressentir, sans doute, d'une présence dans la salle, elle détourne les yeux vers les statues et aperçoit, dans l'ombre, Axël qui se tient debout contre un sépulcre et la considère en silence.

Rapide, elle a laissé tomber les pierreries : elle rejette, d'un mouvement, sur son épaule, le pli de sa mante de soie noire : — à sa ceinture luisent deux fins pistolets d'acier. Saisissant l'un deux, elle ajuste, prompte, le comte d'Auërsperg, fait feu — et lance, au loin, son arme fumante.

Axël, blessé, se précipite vers elle ; mais, déjà, de son autre arme, elle le vise attentivement : second coup de feu.

Encore atteint, mais toujours du seul effleurement des balles qui lui ont sillonné la poitrine, Axël a rejoint Sara ; la jeune fille, le poignard bien au poing, l'attend, prête à bondir, svelte et mortelle, cette fois, en l'élan même qu'il va prendre.

Axël, s'effaçant sous la feinte d'un retrait, a saisi puissamment, malgré la vitesse, l'habile et fulgurant poignet de Sara.

L'instant d'après, irrésistible, — bien que surpris de l'extraordinaire résistance de cette féminine ennemie, — le comte d'Auërsperg, d'une étreinte de fer, la tient, désarmée, paralysée et renversée sur son bras.

AXEL, terrible, le poignard levé

Toi, je veux voir la couleur de ton sang !

Au moment de frapper, il s'arrête à l'aspect du sublime visage de la jeune fille.

SARA, ressaisissant le poignet d'Axël et le ramenant avec violence contre elle-même.

Eh bien, regarde !

La pointe de l'arme atteint son épaule; quelques gouttes de sang jaillissent seules, le comte d'Auërsperg ayant paru retenir l'impulsion du mouvement de Sara.

AXEL, à lui-même, comme ébloui, la considérant éperdûment

O beauté d'une forêt sous la foudre !

SARA, sombre

Frappe et oublie !

AXEL, dénouant son étreinte

A toi la plus précieuse part — et la vie sauve.

Sara va se placer, debout, près du brûle-parfums.

SARA, méprisante, après un moment de silence

Suis-je donc une complice ?

AXEL

Ton orgueil a la fièvre. La moitié de telles richesses ne diffère pas de leur totalité.

SARA

A l'Allemagne, cet or, si c'est de l'or.

AXEL

A l'Allemagne ! Non pas. Souriant : Au monde !

SARA, dédaigneuse

Propos subtil, digne des larrons de nuit.

AXEL, farouche

Oublie moins que je t'ai laissée vivre.

SARA, simplement

L'ai-je demandé ?

AXEL

Va ! c'est assez de richesses pour acheter beaucoup d'âmes.

Sara

Pas assez pour troubler la mienne.

Axel

Enfin, qui parle, ici, d'anciennes consciences? — N'as-tu pas reconnu, par un double attentat, l'hospitalité? Où m'es-tu donc apparue? Sous ces lampes et tenant ces pierreries. Était-ce aussi pour les *restituer* à l'Allemagne?

Sara

Non, puisque, de ma part, ce n'eût jamais été que les lui *abandonner*. Après un instant : Margrave, ceci n'est chez personne — et je ne suis venue en ce lieu que pour m'y saisir d'un sceptre perdu, car l'excessive quantité de cet or en transfigure le nom. — Quel passant n'a droit, par tous pays, de s'arroger un royal pouvoir, si quelque hasard divin lui en jette l'insigne au-devant des pas? Sous condition, cependant, qu'il élève le sceptre et commande, attendu qu'alors c'est bien un roi; s'il en remarque le métal jusqu'à vouloir le diviser, il se crée, tu l'as dit, l'unique devoir d'une humble restitution. — Partager?... Comment rompre un rayon de lumière? — Survivre?... Comment éluder, ici, moi vaincue, d'attester par la mort qu'il m'était, en effet, légitime de tenter cette conquête, puisque, la seule forme en laquelle mon esprit la pouvait concevoir étant réellement souveraine, je ne relevais plus des vulgaires justices ?

AXEL, la regardant fixement

A vous donc le sceptre intact et tout entier.

SARA, grave, après un moment de silence

Soit. Qui donc es-tu ?

AXEL, pensif

Qu'importe ! — Adieu.

SARA

Oh !... Demeure. Pensive et d'une voix amère : Me fussé-je dessaisie, moi victorieuse ? Non. La visiteuse d'un soir de hasard fût rentrée dans l'orage. J'eusse rejoint mes équipages et mes piqueurs qui m'attendent sur la lisière de votre forêt. — Plus tard, une fois la légende oubliée, j'eusse fait acquérir, par des mandataires lointains, ce manoir qui m'est désormais familier !... Ta générosité ne saurait donc jamais être, à mes yeux, qu'une aumône imméritée, dont le méprisant souvenir avilirait sans cesse les joies et les fiertés futures... Non ! —

C'est à moi seule de... disparaître. A elle-même : Avant une heure, j'aurai bu le suc de cet anneau mortel et nous serons délivrés l'un de l'autre.

Elle le regarde.

Mais, vous chancelez — et je vous vois devenir, d'instants en instants, plus pâle. Tout à l'heure, avec ces armes, j'ai dû vous blesser : je le regrette. Je ne voulais que vous tuer. Il faut que l'un des deux survive. — Attendez.

Elle ôte son voile et marche vers le bénitier funèbre.

AXEL

Rien. Vos balles m'ont effleuré la poitrine... à peine. — Laissez !

SARA

Ces dentelles mouillées de cette eau glaciale... — l'eau froide empêche le sang de couler. — Appliquez cela, — tenez !

Ayant ramassé le poignard, elle s'approche, puis elle coupe les boutons de fer du vêtement d'Axël, en silence. Ensuite, rejetant l'arme au loin, elle applique, impassible, sur la poitrine du comte d'Auërsperg, le grand voile noir tout trempé de l'eau funéraire.

AXEL, à lui-même, la regardant

A travers ces vitraux, les astres la couvrent de

rayons mystérieux. La Terre me défie et me tente par son apparition. Haut, frémissant tout à coup:

Jeune fille, ce grand trésor — que nous venons de tant dédaigner après l'avoir tant rêvé — ne vaut pas que l'on meure à propos du nom qu'on lui donne. — C'est une circonstance plus vague et plus sombre qui vient, en effet, de te condamner. Pendant que tu parlais, le reflet de ton être m'entrait dans l'âme ; tu t'emparais des battements de mon cœur... et j'ai, déjà, ton ombre sur toutes les pensées. Or, si je porte en moi mon propre exil, je tiens à y rester solitaire. — Je suis *celui qui ne veut pas aimer*... Mes rêves connaissent une autre lumière ! — Malheur à toi, puisque tu fus la tentatrice qui troublas, par la magie de ta présence, leurs vieux espoirs. — Désormais, je le sens, te savoir au monde m'empêcherait de vivre ! C'est pourquoi j'ai soif de te contempler inanimée... et — que tu puisses ou non le comprendre — c'est pour t'oublier que je vais devenir ton bourreau !

SARA, comme éblouie, à elle-même et le regardant avec stupeur

O paroles inouïes !

Un silence; puis, presque à elle-même, sourdement:

S'il était vrai que toi seul, entre les fils d'une

femme, saurais résister au Dieu qui te saisit — jusqu'à lui préférer la destruction de ton propre ciel... Elle tressaille.

AXEL, arrachant une lourde chaîne de fer à l'un des tombeaux

Je jure... que je vais fermer tes yeux de paradis !

SARA, souriante

Oh ! l'instant sublime !... Eh bien ! non ! Il est trop tard. Tu aurais dû frapper sans me laisser entrevoir ton âme aux flamboiements de ces mots surhumains !

Le comte d'Auërsperg fait siffler et tournoyer, autour de lui, les chaînes, en s'avançant, effroyable, vers Sara.

SARA, évitant, d'un élan svelte, le choc terrible, et lui jetant les bras à l'entour du cou

Non. Voici des chaînes plus lourdes — et... tu es bien mon prisonnier, cette fois. Essaye donc de te délivrer ! — Ah ! tu vois ? Tu ne peux plus : c'est impossible.

Elle se suspend languissamment, la tête renversée et le regardant, avec des yeux de lumière entre ses cils ; ses cheveux se dénouent, roulent et l'enveloppent. Elle parle d'une voix pure, très sourde, très douce, presque basse, oppressée. — Parfois elle ferme les yeux tout à fait et son éclatante beauté grave resplendit sous les lueurs du flambeau, de la lampe et des pierreries. — Haletante, les narines frémissantes, les bras languides :

Sois indulgent pour toi-même, enfant ! Est-ce donc pour moi que je veux vivre ! Ne me tue pas. A quoi bon ? je suis inoubliable.

Sais-tu ce que tu refuses ! Toutes les faveurs des autres femmes ne valent pas mes cruautés ! Je suis la plus sombre des vierges. Je crois me souvenir d'avoir fait tomber des anges. Hélas ! des fleurs et des enfants sont morts de mon ombre.

Laisse-toi séduire ! — Je t'apprendrai les syllabes merveilleuses qui enivrent comme les vins de l'Orient ! Je puis t'endormir en des caresses qui font mourir : je sais le secret des plaisirs infinis et des cris délicieux, des voluptés où toute espérance défaille. Oh ! t'ensevelir en ma blancheur, où tu laisserais ton âme comme une fleur perdue sous la neige ! Te voiler de mes cheveux où tu respirerais l'esprit des roses mortes !... Cède. Je te ferai pâlir sous les joies amères ; j'aurai de la clémence pour toi, lorsque tu seras dans ces supplices !... Mon baiser, c'est comme si tu buvais le ciel. Les premiers souffles du printemps sur les savanes sont moins tièdes que mon souffle, —

plus pénétrant que la fumée des cassolettes qui brûlaient dans les sérails de Cordoue, plus chargé d'oubli que les senteurs des lames de cèdre clouées, par les magiciens, aux arbres des jardins de Bagdad pour humilier les fleurs divines. Reconnais, dans mes yeux, l'âme des belles nuits, lorsque tu marchais dans les vallées et que tu regardais les cieux : je suis cet exil, aux inconnues étoiles, que tu cherchais ! — Je donnerais tous les trésors pour être le tien éternel. Oh ! quitter la vie sans avoir baigné de larmes tes yeux, ces fiers astres bleus, tes yeux d'espérance ! oh ! sans t'avoir fait frémir sous les profondes musiques de ma voix d'amour ! — Oh ! songe, — ce serait affreux : ce serait impossible. Renoncer à ceci passe mon courage. Abandonne-toi, dis, Axël, — Axël !... Et je te forcerai de balbutier sur mes lèvres les aveux qui font le plus souffrir, — et tous les rêves de tes désirs passeront dans mes yeux pour multiplier ton baiser...

Un silence.

AXEL, sourdement, les yeux fermés

Ton nom, s'il doit brûler les lèvres, que je le redise !...

SARA, tout bas, la tête inclinée sur l'épaule d'Axël

Sara.

AXEL, laissant tomber les chaines

Sara, je ne suis plus solitaire.

Un morne silence.

SARA, sans relever la tête

Ainsi, tu me laisses vivre?

Axël l'enlace de son bras désarmé et la conduit vers le prie-Dieu d'ébène aux coussins de velours violet.

AXEL, avec un sourire triomphant et un peu d'emphase juvénile

Quel serait, parmi les rois, l'insensé qui, de toutes ces astrales pierreries, n'incendierait pas la nuit de tes cheveux! — A toi seule, à toi, cet amoncellement radieux, ces splendeurs que tu as ressuscitées!... Laisse-moi contempler, seulement, ta pâleur mortelle. — Je veux m'asseoir à tes pieds et souffrir, à mon tour, du mal des humains. — Aimer, c'est cela, sans doute! N'est-ce pas... Sara?

Elle s'est assise : des rayons, à travers le vitrail, font étinceler la noire soierie de ses vêtements.

SARA

O jeune homme charmant, qui, malgré l'immodestie de mes paroles, a pressenti sa sœur sacrée! — Tu es un être inespéré!... Je ne veux d'autre parure que ton regard d'enfant où je suis si belle — et c'est de me voir condamnée à subir tant d'amour que je suis si pâle. — Quant à nos grandes richesses, laissons-nous vivre, avec nos songes étoilés!

Il s'est assis, sur un coussin, aux pieds de Sara — croisant ses bras sur les genoux de la belle fille; il la regarde pendant quelque temps, comme perdu dans un abîme de joie silencieuse.

Axel

Oui, pareille à la statue de l'Adieu, tu devais m'apparaître, en ce deuil, souriante et couverte de pierreries, au milieu des tombeaux. Sous ta chevelure nocturne, tu es comme un lis idéal, tout en fleurs dans les ténèbres.

Quels frémissements ta vue suscite en moi! Mon amour? Mes désirs?... Tu te perds en eux, comme si tu te baignais dans l'Océan. Si tu veux fuir, c'est en eux que tu fuis. Ils te pressent et te pénètrent, ô bien-aimée! ils te soulèvent et meurent en toi... pour revivre en ta beauté!

Sara, souriante, respirant les cheveux d'Axël

Tu sens l'odeur des feuilles dans les clairs automnes, ô mon chasseur ! Tu as mêlé ton être sauvage à toute l'âme des forêts... Chère joie...

Elle le contemple comme enivrée et fière.

AXEL, comme au plus profond d'un rêve

Sara, mon amie virginale, mon éternelle sœur, je n'entends plus ce que tu dis, mais ta voix seule...

L'enlaçant de ses bras, en un transport : Oh ! la fleur de ton être, ta bouche divine ! En un baiser, devenir... oh ! la lumière de ce sourire, — boire ce souffle du ciel, ton haleine ! ton âme !

SARA, attirant sur son sein le front d'Axël, — puis, grave, et appuyant doucement ses lèvres sur les siennes

Mon âme ? la voici, mon bien-aimé !

Ils restent éperdus, comme inanimés et sans paroles.

AXEL, rouvrant les yeux

Tu as frissonné : — le froid de ces pierres, sans doute.

Il s'est doucement dégagé.

En haut, de vieilles salles — où des feux, nuit et jour, brûlent...

SARA, souriante

Non ; c'est de nous seuls que je frissonne.

Ne préfères-tu pas attendre ici notre premier soleil?

AXEL, éperdument, tout à coup

O vision dont je voudrais mourir! Mais tu m'apparais inconcevable! D'où viens-tu? Quel fut ton être humain jusqu'à... nous?

SARA, souriante

Cela t'intéresse? Oh! se peut-il!

Elle écarte ses cheveux sur son front.

C'est qu'en vérité, ce que tu demandes, je l'ai oublié. Depuis que je suis comme une impératrice d'Orient, je ne sais plus que toi. Je date d'une heure: ce qui précéda cette heure n'est plus. — Redescendre dans la mémoire de la vie! tu le veux?

AXEL

En quelles inflexions d'amour se joue ta voix de colombe! Non, — laisse les souvenirs! — ne disparais pas dans les vaines évidences de la terre; demeure-moi, plutôt, toujours inconnue!... Que sommes-nous, même dans le passé? tel rêve de notre désir.

Sara

Mon cher époux, voici l'anneau donné à mes aïeules pour gage des nuits nuptiales : regarde ce qui est gravé sur son antique émeraude.

Elle élève un peu sa main droite : une bague familiale, ouvrée d'armoiries, étincelle à l'un de ses doigts, Axël, un instant, considère le fatidique joyau ; puis, après une songerie muette et devenue taciturne, il la regarde.

Axel, avec un grave sourire

Oui, ce serait à penser... qu'il est un destin !

Sara, de même

Certes, et si l'illusion t'en semble belle, va, je l'imagine aussi.

Axel, debout, profondément soucieux

Puisque, mystérieuse, elle paraît s'efforcer, autour de nous, de se réaliser, aidons-la d'une croyance ; elle nous laissera comprendre que nos êtres s'attendaient. *Un silence.*

Sara, regardant autour d'elle, et comme pour dissiper leurs pensées

J'ai aussi une famille de marbre, dans un manoir,

au nord de France. Là dorment mon père Yvain de Maupers, noble paysan, — ainsi que ma mère, une auguste rappelée du Ciel!

Se tenant par la main, tous deux marchent vers un mausolée; une féminine statue aux mains jointes est étendue sur la pierre, un lévrier sculpté à ses pieds.

— C'est ta jeune mère, n'est-ce pas? — Oui, tu as ce noble front... et, vois, que de mélancolie! Oh! que de fois n'ai-je pas ressenti que sa douce main s'appuyait, invisible, sur la mienne, lorsque j'entr'ouvrais son livre d'Heures, au monastère!

Elle s'incline: puis à demi-voix.

— Madame, vous le voyez : je donne à votre enfant tout ce que je suis.

AXEL, relevant la tête

Au monastère?

SARA, s'éloignant, la main appuyée à l'épaule d'Axël

Je parle d'une abbaye où toute ma jeune vie fut détenue... Je crois me souvenir, même, d'y avoir souffert.

AXEL, tressaillant, — et d'une voix basse, contractée, saccadée

Ah! le mendiant s'assoira demain sur quelque

pierre dispersée de cette bâtisse ! Elle n'est plus. —
Le nom de cette abbaye ?

SARA, d'une voix douce et en repoussant doucement, du pied,
d'importunes pierreries sur le sable

O mon frère Axël ! Il est si difficile aux offenses
de m'atteindre que la clémence envers elles ne
m'est d'aucune gloire. Songe ! Des cœurs condamnés à ce supplice de ne pas m'aimer doivent-ils
être encore punis d'un tel malheur ! Et, s'ils furent
coupables, en quelque passé plus lointain que la
vie, au point de s'être créé cet actuel tourment,
ne sont-ils pas assez infortunés d'être d'une telle
nature ? Nous ne devons que les plaindre. — Me
haïr ? Tu ne saurais excéder, pour eux, ce châtiment.

Pensive, — pendant qu'ils semblent oublieux du grand trésor :

Certes, en ce cloître, j'ai vu des yeux cruels où la
Foi ne brûlait qu'en renvoyant la lueur d'une torche
de bourreau. A ces yeux, le ciel ne semble pas
assez sombre ; ils trouvent utile que la fumée des
bûchers s'ajoute à ses nuages. J'ai entendu battre
des cœurs menaçants, — où la Crainte, éperdue,
d'un Dieu… — de l'idée, n'est-ce pas, qu'ils se
font de Dieu ! — s'aveugle, elle-même, jusqu'à se
croire l'Amour, — où le « Commencement de la

sagesse » se prend, orgueilleux, oubliant sa limite, pour la Sagesse-infinie. — N'espèrent-ils pas que la vengeance, prochaine, de leur blanche évadée, légitimera les prières qu'à cette heure, sans doute, ils adressent pour mon salut ?

Souriante, puis, peu à peu, tristement :

Qu'ils me plaignent donc, ou me condamnent... par contenance ! Je leur laisse, en ma redoutable miséricorde, l'indigne pensée qu'ils conçoivent de leur délivrée ! En vérité, de quoi m'accuseraient-elles devant un Dieu, ces consciences faites d'une rigueur défendue, qui ne surent jamais que scandaliser mon espérance ? Mon âme redoute peu ces juges méchants, qui osent affronter, ainsi, la terrible colère de la Colombe. — Ces cœurs voilés ont l'innocence des gouffres, je le sais ! Les gouffres disent aussi : « Je reflète la Lumière ! » Tout reflète la lumière : ils ont donc un vrai tel qu'un autre ; mais... à chacun son infini ! — Va, laisse à leurs propres âmes le soin de se punir ! Moi, je ne daigne punir les gouffres — qu'avec mes ailes.

AXEL, dont la voix tremble, sourdement

Le nom de cette abbaye !

Sara l'a regardé : — voici qu'elle vient de reconnaître à quel inexorable degré ses paroles ont allumé l'indignation de son jeune élu. Des représailles de sang et de feu flambent dans les yeux d'Axël, — qui, certes, exécutera ses rêves d'extermination, dès ses premiers jours de toute-puissance.

Elle tressaille en l'enveloppement de ce vaste amour vengeur. Après un long silence, elle se laisse tomber aux genoux de son jeune amant.

Tout illuminée, en ses noirs vêtements, par la lampe, les scintillations des pierres précieuses éparses autour d'elle et le voisin éclat du flambeau, elle appuie ses pâles mains sur la poitrine haletante du jeune homme ; — celui-ci recule, saisi de trouble et comme ébloui ; — mais elle le suit, agenouillée, sur le sable de l'allée mortuaire.

SARA, d'une voix étrange et grave

— Axël ! fais grâce à cette prison sainte, — au nom des vitraux où la lumière du soir me semblait si belle ! au nom des orgues, qui, sous mes doigts, ont pleuré de si lourds sanglots ! au nom de ces froids jardins, où s'est assise, tant de fois, ma mélancolie !...

Je t'intercède encore au nom d'une toute jeune fille, aussi pâle que nous, mais pareille aux séraphins de l'exil — et dont le cœur, consumé de l'amour natal, était si épris de sacrifices... qu'il me donna la fleur de ses rêves candides, préférant se perdre à se garder !

Grâce ! au nom de cette enfant que j'ai désolée ! Oh ! par ses yeux purs, encore troublés de ma pensée, hélas! et que son Dieu délivrera, certes, de mon ombre, — par sa tendresse céleste et solitaire, — c'est moi qui te supplie !

AXEL, après un frisson, sourdement

Je ne fais grâce à cette demeure et à ses hôtes — qu'en mémoire de cette nuit où je t'ai vue.

Il s'arrête, les yeux fixes, les poings crispés.

SARA, debout, radieuse, l'enlaçant et le baisant au front

Axël ! mon jeune roi !

AXEL, s'éloignant avec elle vers le prie-Dieu et regardant, comme pour la première fois, le sombre miroitement des vêtements de Sara

— Mais, pourquoi ce deuil, en cette nuit de joie, Sara ?...

SARA, très simplement

Je porte le deuil non d'une créature humaine, — je n'en ai pas connue qui méritât ce signe de tristesse, — mais d'une amie plus obscure — oh! si humble ! si perdue parmi les choses !...

Vois, — toi, qui seul peux me comprendre !

Elle ôte de sa poitrine une fleur fanée.

Regarde, comme si nous étions seuls sur la terre,

perdus entre le rêve et la vie, cette mystérieuse fleur, Axël !

Harpes redisant dans l'ombre le chant des Rose-Croix.

— Vois l'inconsolable rose ! — Elle m'apparut dans un enclos désert, par une aurore de dangers : je m'enfuyais ! C'était au sortir du cloître de Sainte Apollodora. Mes vêtements blancs, arrachés de la fête mystique, se confondaient avec la neige dont les lourds flocons, au tomber des branches de la forêt protectrice, effaçaient les traces de mes pas. Armée, de ce ferme poignard, contre nos *semblables* et aussi contre les bêtes des bois, et toute frémissante encore de la lumière des cierges, j'écoutais, dans la nuit, les cloches perdues qui rappelaient aux échos du monde la naissance de l'enfant Emmanuël, hélas ! pour qui j'aurais voulu mourir. — Soudain, aux clartés des dernières étoiles, le prodige de cette fleur, victorieuse de l'Hiver à mon exemple, attira mes regards et sa vision me sembla dégagée de moi-même ! L'harmonie entre les choses et les êtres n'est-elle pas infinie ?... Cette royale rose, symbole de mon destin, *correspondance* familiale et divine, ne devais-je point la rencontrer, dès mes premiers pas ? Son clair miracle saluait mon premier matin de liberté ! C'était comme un avertissement merveilleux, *image peut-être fixée d'une seule parole où je m'étais incarnée l'heure précédente.* Elle me fit tressaillir, cette fleur, qui me semblait éclose de mon âme! Sans doute elle reconnut mes lèvres, Axël, lorsqu'au dédain de tous les périls, je lui dis, en un long baiser, mes grands espoirs! — Muette, sous ma bouche maternelle, je sentis, en mon cœur, qu'elle me suppliait de la cueillir. Doucement, donc, j'arrachai toute sa tige, à travers les dures épines, sur l'arbuste mort d'où elle s'était élancée et qui la supportait. Puis, je réchauffai, sous mon haleine, le souffle de son parfum entre mes mains, — entre mes mains qui tenaient encore cette arme secrète, forgée en de vieux jours.

Elle montre le poignard cruciforme, tombé à terre.

— Écoute! Des esprits, — que sais-je... des génies, étaient, certes, enfermés en sa beauté!... Aussitôt, des passages de l'Histoire humaine, jusque-là voilés à mon esprit, s'illuminèrent, en ma mémoire, de significations augustes et surnaturelles. Ainsi, je compris, sans pouvoir m'expliquer même l'intérêt que je prenais à le comprendre, pourquoi cette fleur, ainsi placée, par hasard, entre mes mains, sur la croix de mon poignard, formait un Signe qui avait dissipé, autrefois, comme du sable, les plus fiers et les plus solides empires. Ce Signe, je l'ai bien vu, tout à l'heure, étinceler sur chacun de ces tombeaux, montrant les pistolets jetés à terre, au feu de ces armes traîtres, — lorsque, sur toi...

Elle enlace Axël de ses bras, passionnément.

Axël

— Elle t'inspirait, dis-tu, Sara ?

Sara

Oh ! mille pensées !... Je me souvenais, par exemple, que l'un des voyants de l'Humanité s'en était tenu à la forme de cette fleur pour exprimer, en ses vers, les cercles sacrés et vermeils des paradis de la nouvelle Espérance ! — Puis, songeant aux hommes moqueurs, je ne pouvais, malgré le froid indicible, résister à sourire — en me rappelant que le plus grave, oh ! le plus industrieux des peuples s'était entre-immolé lui-même, pendant un siècle, pour des roses. — Un silence. Oui, ce fut ma seule compagne et ma mystérieuse amie pendant la longue route ; alors que, vêtue en pèlerin, je marchais, les yeux fixés sur l'étoile qui brille sur tes forêts, pendant que le passant m'outrageait dans le crépuscule ! Et le cher parfum de cette fleur auxiliatrice me ranimait, lorsque avant la première grande ville rencontrée où je vendis à des Juifs mon collier de perles et d'opales, — la faim, les veilles et le sommeil épuisaient mes pieds solitaires.

AXEL, à genoux auprès d'elle et lui baisant les pieds

Oh! que je brûle mes lèvres sur tes pieds pâles, gloire des marbres futurs!

SARA, les yeux sur la fleur morte

Au lever des soleils, j'éprouvais en elle qu'il lui semblait plus doux de mourir en ma poitrine que d'en renaître exilée. Voilà pourquoi je porte le deuil de son enchantement, à présent que ses esprits se sont envolés d'elle vers la plus haute essence de sa lumière. Elle a voulu mourir de mon ombre, en m'aimant! — Laisse, que j'en essuie tes douces paupières!... Vois!... Elle semble revivre! — Elle prend tes jeunes larmes pour de la rosée! — Mais plutôt... Non, — non! je veux l'effeuiller cruellement sur toi, mon chevalier, en présage de tous les abandons que mon amour trouvera pour te ravir!

Elle effeuille, en silence, la fleur sur le front et les cheveux d'Axël; puis, devenue étrange et grave, tout à coup :

— Comme je suis heureuse de voir que tu

t'intéresses ainsi, pour peu que je t'en parle, au fantôme d'une fleur effacée !...

>AXEL, *lui couvrant les mains de baisers et la contemplant délicieusement*

Je t'aime.

>SARA, *debout, près d'Axël, et appuyée au prie-Dieu, parlant comme si elle suivait, en un songe, une succession de mirages entre ses paupières à demi fermées.*

Dis, cher aimé ! Veux-tu venir vers ces pays où passent les caravanes, à l'ombre des palmiers de Kachmyr ou de Mysore ? Veux-tu venir au Bengale choisir, dans les bazars, des roses, des étoffes et des filles d'Arménie, blanches comme le pelage des hermines ? Veux-tu lever des armées — et soulever le nord de l'Iran, comme un jeune Cyaxare ? — Ou, plutôt, si nous appareillions pour Ceylan, où sont les blancs éléphants aux tours vermeilles, les aras de feu dans les feuillages, et d'ensoleillées demeures où tombent les pluies des jets d'eau dans les cours de marbre ? — Veux-tu vivre, durant quelques jours, d'une existence étrange et lointaine, en ces habitations de porcelaine, à Yeddo, où sont les lacs japonais ? Là s'épanouissent, sous la lune, des touffes de fleurs barbares pareilles à des faisceaux de poignards parfumés. Le soir, il nous plairait, peut-être, de revenir, en fumant l'opium dans les tuyaux d'or et de jade, au bercement des palanquins. — Aimes-tu mieux que je me baigne dans les vagues où se mira la grande Carthage, près d'une maison de basalte où brûlent, sur des trépieds d'argent, des parfums? — Ou si nous visitions les rouges Espagnes! Oh! ce doit être triste et merveilleux, les palais de Grenade, le Généralife, les lauriers-roses de Cadix l'Andalouse, les bois de Pampelune, où les citronniers sont si nombreux que les étoiles, à travers les feuillages, en semblent les fleurs d'or! Et les vestiges des temples sarrasins, l'Art disparu, les villes moroses! — Et, plus loin, les îles Fortunées, où l'hiver, tout en fleurs, humilie le printemps des autres contrées! Là, ce sont des rochers que l'aube transfigure en saphirs immenses, et le îlot vient y mourir, dans une brume d'or et d'opale, doux comme un dernier baiser. — Si tu le préfères, nous réaliserons des rêves de gloire, nous accomplirons des tâches sublimes! nous nous ferons bénir par des peuples! — Mais, si tu le veux aussi, toi l'espingole à l'épaule et moi la harpe à la ceinture, vêtus de riches haillons diaprés, nous irons, en nomades, chanter sur les routes et dans les carrefours des villes de Bohême, comme les tziganes basanés; je dirai l'avenir aux belles filles, et l'on nous jettera des pièces d'argent dans une sébile, pour notre repas du soir à l'hôtellerie ! Ainsi nous pourrons cheminer, en chantant, depuis le sud du pays des Bulgares jusqu'au détroit de Bab-el-Mandeb. — Veux-tu que nous laissions étinceler, sous nos attelages, les dalles des quais de la Néva, ou du Danube ? — Peut-être il te plairait de voir les danses des femmes de Pologne et de Hongrie, avec des festins et des musiques, au fond des palais ? — Veux-tu, aventuriers hasardeux, sur notre brick aux canons d'acier, en touchant aux archipels, explorer depuis les côtes de Guinée jusqu'aux bords silencieux de l'Hudson ? Ensuite remonter le Nil ? Illuminer l'intérieur des pyramides de Chephrem et d'Osymandias dont nous pouvons doubler le cercle d'or ! Ne pourrons-nous également venir, aux bords du Gange, fonder, nous aussi, quelque religion divine ? Va ! nous ferons des miracles, nous élèverons des temples, et, sans aucun doute, le Ciel même nous obéira. — Si nous allions, quelque jour, cueillir des poisons délicieux en Mélanésie et nous promener à Sumatra, sous les mancenilliers ? — Veux-tu laisser voir mon visage aux rivières qui coulent près de Golconde, de Vishapour ou d'Ophir ? Ou voyager en Nubie sur les bords du Zaijr, la rivière ténébreuse où le soir tombe sans crépuscule ? — Veux-tu venir voir Séleucie, où de saints apôtres

ont pris la mer, allant à la conquête du monde? —
Veux-tu vivre à Antioche, parmi les ruines? —
Là, des lierres suppliants arrêtent au passage le
pèlerin! — Mais, plutôt, envolons-nous, comme
les alcyons, vers des horizons toujours bleus et
calmes, à Corinthe, à Palerme, sous les portiques
de Silistria! — Viens! nous passerons, en trirèmes,
au-dessus de l'Atlantide! — A moins que nous
n'allions contempler, plutôt, les clartés nocturnes,
sur la terre d'Idumée? — Puis, aussi, le septen-
trion! — Quel plaisir d'attacher nos patins d'acier
sur les routes de la pâle Suède! ou vers Christiania,
dans les sentiers et les fjords éclatants des monts
de la Norvège! — Ne pouvons-nous, encore, aller
vivre, perdus en un cottage couvert de neige,
dans quelque village du Nord? — Veux-tu voir les
landes désolées du pays de Galles? les parcs de
Windsor, et de la brumeuse Londres? Rome, la
ville sombre des splendeurs? — le frivole Paris
illuminé? — Comme il doit sembler étrange
d'errer dans les rues bariolées de Nuremberg, la
patiente ville de minuit! — Veux-tu troubler le
reflet des étoiles dans le golfe de Naples, ou dans
les lagunes de Venise, en laissant aller au sillage de
la gondole quelque étoffe merveilleuse de Smyrne
ou de Bassora? — Veux-tu voir, heureux ensemble en quelque helvétien chalet, l'aurore briller

sur les neiges du Mont-Rose? — Préfères-tu le hamac des Antilles aux tentes de la Bessarabie? ou la volupté de l'espace? Nous laisser emporter tous les deux sur la glace par les rennes, ou sur le sable par les autruches, ou voir, autour d'une tente, dans une oasis de l'ancienne Heptanomide, les dromadaires paisibles et agenouillés? — Veux-tu nous ensevelir à Pompeia, dans une existence latine, comme si les Césars vivaient encore? Ou, plus loin, vers le plus sombre Orient? Viens. J'appuierai mon bras sur le tien, au milieu des pierres qui furent les jardins suspendus de Ninive! et des ruines qui furent Thèbes, Sardes, Héliopolis, Ancyre, Sicyone, Éleusis — et la ville des mages, Ecbatane! — Aimes-tu mieux une tour de marbre près de l'Euphrate, ou sous les sycomores de Solyme, ou sur les hauteurs de l'Horeb? — Veux-tu rêver le rêve oriental et joyeux? nous établir marchands à Samarcande, et trafiquer? Tu te feras l'ambassadeur de quelque reine lointaine et tu me rendras visite à Saba. Nous verrons, en rois soucieux, le soleil, le soir, incendier les eaux de la Mer Rouge! — Mais, si tu le veux, aussi, nous serons simplement amoureux l'un de l'autre et nous irons, dans quelque hutte des Florides, écouter les colibris!... Vois-tu, puisque nous sommes tout-puissants, puisque, maintenant, nous sommes pareils à des rois inconnus, que nous importe de préférer tel rêve entre les rêves? Et, quant au pays de notre exil, toutes les contrées de la terre ne seront-elles pas, pour nous, l'île de Thulé?

AXEL, avec un grave sourire

Enfant! — Enfant radieuse!

SCÈNE V

AXEL, SARA, puis le CHŒUR DES VIEUX SERVITEURS MILITAIRES, puis dans l'éloignement, le CHŒUR DES BÛCHERONS, — puis la voix de UKKO.

SARA

— La mer, ô mon bien-aimé, je veux la mer sublime! Laissons-nous, d'abord, aller vers l'Italie! vers ses ruines de marbre et de flamme, vers ses golfes illuminés! Nous épuiserons vite son clair exil. — O nuits d'amour dans les palais!... Nous achèterons le plus sombre entre ceux de Florence; — veux-tu? Florence doit être aussi belle que le fut Palmyre!

En ce moment, les accents lointains d'une chanson, —

un chœur de voix rudes qu'étouffe l'épaisseur des murailles souterraines, — leur parvient, à cause du profond silence de l'enfeu.

Chœur des vieux Serviteurs militaires

Le maître s'en va du burg en décombres,
Adieu, soifs d'amours, d'or et de combats!
Nous sommes très vieux et, bientôt, là-bas,
Nous serons des ombres.

Axel

Mes serviteurs veillent cette nuit. — C'est à ma prière qu'ils boivent et chantent; ils saluent le départ... d'un étranger.

Sara

Aussitôt que le petit jour frappera ces vitraux, enfuyons-nous au pays de l'Espérance! comme oppressée à l'idée de joies futures, et fermant les yeux, elle appuie sa main contre le marbre d'une tombe : — O volupté de vivre!

Le Chœur, assourdi par le lointain

Adieu l'orgueil noir du Passé de fer :
Avec nous s'éteint sa lueur profonde!
Pareil au coucher d'un soleil d'hiver,
Tu meurs, ancien monde.

Soudainement, au dehors, le ciel se bleuit; un rayon de l'aube traverse les franges des draperies du soupirail. — Au rouvrir de ses yeux, Sara l'aperçoit et tressaille.

SARA, s'écriant

— Le jour! l'aurore! Axël!... — Regarde! Quel avenir levant!

Elle marche vers le soupirail, écarte la draperie : le bleuissement du matin apparaît dans l'obituaire.

LE CHŒUR, dans les profondeurs du burg

Va! tu nous suivras dans le grand sommeil,
Avenir! — Buvons, puisqu'ainsi tout change! —
Et que sonne, enfin, le clairon de l'Ange...
S'il est un réveil!

SARA, joyeuse, avec un sourire triomphant, après avoir montré d'un geste l'immense trésor et les confuses pierreries

— Partons! c'est l'heure; enveloppons-nous de nos manteaux. — Là-bas, sous le feuillage violet, des rayons font étinceler, déjà, nos fourrures, nos armes; — l'attelage frappe du pied dans la rosée. O mon jeune amant! comme il va nous emporter sous les branches embaumées d'orage! Nous voici, fuyant dans une brume radieuse : — bientôt c'est une chaumière qui nous apparaît, au chant des oiseaux, avec son toit de mousse et baignée de mille perles. — Quel bonheur de boire ensemble, en nous souriant, debout, dans l'herbe parsemée de feuilles tombées, le lait matinal ! — Et nous fuyons ! Bientôt voici des humains, sur les routes ! puis un village !... puis une ville !... des villes ! puis le soleil ! puis le monde !

Un grand silence.

AXEL, d'une voix étrange, très calme, — et la regardant

Sara ! je te remercie — de t'avoir vue. L'attirant entre ses bras : Je suis heureux, ô ma liliale épousée ! ma maîtresse ! ma vierge ! ma vie ! je suis heureux que nous soyons ici, ensemble, pleins de jeunesse et d'espérance, pénétrés d'un sentiment vraiment immortel, seuls, dominateurs inconnus, et tout rayonnants de cet or mystérieux, — perdus, au fond de ce manoir, pendant cette effrayante nuit.

SARA

Là-bas, tout nous appelle, Axël, mon unique maître, mon amour ! La jeunesse, la liberté ! le vertige de notre puissance ! Et — qui sait, de grandes causes à défendre... tous les rêves à réaliser !

Elle va vers les lueurs de l'aurore et tient la draperie soulevée.

§ 2. — L'option suprême

AXEL, *grave et impénétrable*

A quoi bon les réaliser?... ils sont si beaux!

SARA, *surprise un peu — se retourne vers lui en le regardant*

Mon bien-aimé, que veux-tu dire?

AXEL, *toujours tranquille et grave*

Laisse tomber ces draperies, Sara : j'ai assez vu le soleil. *Un silence.*

SARA, *anxieuse, à elle-même et l'observant encore*

Pâle, — et les yeux fixés à terre, — il médite quelque projet.

AXEL, *à demi-voix, pensif, et comme à lui-même*

Sans doute, un dieu me jalouse en cet instant, moi qui peux mourir.

SARA

Axël, Axël, m'oublies-tu déjà, pour des pensées divines?... Viens, voici la terre! viens vivre!

AXEL, *froid, souriant et scandant nettement ses paroles*

Vivre? Non. — Notre existence est remplie, — et sa coupe déborde! — Quel sablier comptera les heures de cette nuit! L'avenir?... Sara, crois en cette parole : nous venons de l'épuiser. Toutes les réalités, demain, que seraient-elles, en comparaison des mirages que nous venons de vivre? A quoi bon monnayer, à l'exemple des lâches humains, nos anciens frères, cette drachme d'or à l'effigie du rêve, — obole du Styx — qui scintille entre nos mains triomphales!

La qualité de notre espoir ne nous permet plus la terre. Que demander, sinon de pâles reflets de tels instants, à cette misérable étoile, où s'attarde notre mélancolie? La Terre, dis-tu? Qu'a-t-elle donc jamais réalisé, cette goutte de fange glacée, dont l'Heure ne sait que mentir au milieu du ciel? C'est elle, ne le vois-tu pas, qui est devenue l'Illusion! Reconnais-le, Sara : nous avons détruit, dans nos étranges cœurs, l'amour de la vie — et c'est bien en RÉALITÉ que nous sommes devenus nos âmes! Accepter, désormais, de vivre ne serait plus qu'un sacrilège envers nous-mêmes. Vivre? les serviteurs feront cela pour nous.

Rassasiés pour une éternité, levons-nous de table et, en toute justice, laissons aux malheureux dont la nature est de ne pouvoir mesurer qu'à la Sensation la valeur des réalités, le soin de ramasser les miettes du festin. — J'ai trop pensé pour daigner agir !

SARA, troublée et inquiète

Ce sont là des paroles surhumaines : comment oser les comprendre ! — Axël, ton front doit brûler ; tu as la fièvre : laisse ma douce voix te guérir !

AXEL, avec une impassibilité souveraine

Mon front ne brûle pas ; je ne parle pas vainement — et la seule fièvre dont il faille, en effet, nous guérir est celle d'exister. — Chère pensée, écoute ! et, toi-même décideras, ensuite. — Pourquoi chercher à ressusciter une à une des ivresses dont nous venons d'éprouver la somme idéale et vouloir plier nos si augustes désirs à des concessions de tous les instants où leur essence même, amoindrie, s'annulerait demain sans doute? Veux-tu donc accepter, avec nos *semblables*, toutes les pitiés que *Demain* nous réserve, les satiétés, les maladies, les déceptions constantes, la vieillesse et donner le jour encore à des êtres voués à l'ennui de continuer?... Nous, dont un Océan n'apaiserait pas la soif, allons-nous consentir à nous satisfaire de quelques gouttes d'eau, parce que tels insensés ont

prétendu, avec d'insignifiants sourires, qu'après
tout c'était la sagesse ? Pourquoi daigner répondre
amen à toutes ces litanies d'esclaves ? — Fatigues
bien stériles, Sara! et peu dignes de succéder à
cette miraculeuse nuit nuptiale où, vierges encore,
nous nous sommes cependant à jamais possédés!

SARA, d'une voix oppressée

Ah! c'est presque divin! Tu veux mourir.

AXEL

Tu vois le monde extérieur à travers ton âme :
il t'éblouit! mais il ne peut nous donner une seule
heure comparable, en intensité d'existence, à une
seconde de celles que nous venons de vivre. L'accomplissement réel, absolu, parfait, c'est le moment intérieur que nous avons éprouvé l'un de
l'autre, dans la splendeur funèbre de ce caveau.
Ce moment idéal, nous l'avons subi : le voici donc
irrévocable, de quelque nom que tu le nommes!
Essayer de le revivre, en modelant, chaque jour,
à son image, une poussière, toujours décevante,
d'apparences extérieures, ne serait que risquer de
le dénaturer, d'en amoindrir l'impression divine,
de l'anéantir au plus pur de nous-mêmes. Prenons
garde de ne pas savoir mourir pendant qu'il en est
temps encore.

Oh! le monde extérieur! Ne soyons pas dupes du vieil esclave, enchaîné à nos pieds, dans la lumière, et qui nous promet les clefs d'un palais d'enchantements, alors qu'il ne cache, en sa noire main fermée, qu'une poignée de cendres! Tout à l'heure, tu parlais de Bagdad, de Palmyre, que sais-je? de Jérusalem. Si tu savais quel amas de pierres inhabitables, quel sol stérile et brûlant, quels nids de bêtes immondes sont, en *réalité*, ces pauvres bourgades, qui t'apparaissent, resplendissantes de souvenirs, au fond de cet Orient que tu portes en toi-même! Et quelle tristesse ennuyée te causerait leur seul aspect!... Va, tu les as pensées? il suffit : ne les regarde pas. La terre, te dis-je, est gonflée comme une bulle brillante, de misère et de mensonges, et, fille du néant originel, crève au moindre souffle, Sara, de ceux qui s'en approchent! Éloignons-nous d'elle, tout à fait! brusquement! dans un sursaut sacré!... Le veux-tu? Ce n'est pas une folie : tous les dieux qu'adora l'Humanité l'ont accompli avant nous, sûrs d'un Ciel, du ciel de leurs êtres!... Et je trouve, à leur exemple, que nous n'avons plus rien à faire ici.

SARA

Non! c'est impossible!... Ce n'est plus véritable! — C'est inhumain plutôt même que surhumain! Mon amant! pardonne! j'ai peur! Tu me donnes le vertige. — Oh! je défendrai la vie! Songe! mourir — ainsi? Nous, jeunes et pleins d'amour, maîtres d'une souveraine opulence! beaux et intrépides! tout radieux d'intelligence, de noblesse et d'espoirs! Quoi! tout de suite? Sans voir le soleil, une fois encore — et lui dire adieu! Songe! C'est si terrible!... Veux-tu — demain? Peut-être, demain, serai-je plus forte, n'étant plus à moi-même!

AXEL

O ma bien-aimée! O Sara! Demain, je serais le prisonnier de ton corps splendide! Ses délices auront enchaîné la chaste énergie qui m'anime en cet instant! Mais bientôt, puisque c'est une loi des êtres, si nos transports allaient s'éteindre, et si quelque heure maudite devait sonner, où notre amour pâlissant, dissipé en ses propres flammes...

Oh! n'attendons pas cette heure triste. — Notre résolution n'est-elle pas si sublime qu'il ne faut pas laisser à nos esprits le temps de s'en réveiller.

Un profond silence.

SARA, pensive

Je tremble : — mais c'est peut-être d'orgueil,

aussi!... Certes, si tu persistes, je t'obéirai! je te suivrai dans la nuit inconnue. — Pourtant, souviens-toi de la race humaine!

Axel

L'exemple que je lui laisse vaut bien ceux qu'elle m'a donnés.

Sara

Ceux qui luttent pour la Justice disent que — se tuer, c'est déserter.

Axel

Sentence de mendiants, pour qui Dieu n'est qu'un gagne-pain.

Sara

Peut-être serait-il plus beau de songer au bien de tous!

Axel

L'univers s'entre-dévore ; à ce prix est le bien de... tous.

Sara, un peu éperdue

Quoi! renoncer à tant de joies?... Abandonner ce trésor à ces ténèbres! n'est-ce pas cruel!

Axel

L'homme n'emporte dans la mort que ce qu'il renonça de posséder dans la vie. En vérité — nous ne laissons ici qu'une écorce vide. Ce qui fait la valeur de ce trésor est en nous-mêmes.

Sara, d'une voix plus sourde

Nous savons ce que nous quittons : non pas ce que nous allons trouver !

Axel

Nous retournons, purs et forts, vers ce qui nous inspire l'héroïsme vertigineux de l'affronter.

Sara

Entends-tu le rire du genre humain, s'il apprenait jamais la ténébreuse histoire, la folie surhumaine de notre mort ?

Axel

Laissons les apôtres du Rire dans l'épaisseur. La vie, tous les jours, se charge de les bâtonner de son châtiment.

Les premiers rayons de l'aurore traversent le vitrail.

SARA, pensive, après un silence

Mourir!

AXEL, souriant

O bien-aimée ! je ne te propose pas de me survivre, tant je suis persuadé que tu ne te soucies déjà plus, en ta conscience, de ce leurre misérable qu'on appelle « vivre ».

Il regarde autour de lui, comme cherchant des yeux le poignard.

SARA, relevant la tête, maintenant d'une pâleur de cierge

Non. J'ai, dans cet anneau, sous cette émeraude, un foudroyant poison : cherchons une coupe entre les plus belles, parmi ces orfèvreries... et qu'il en soit fait selon ta volonté.

AXEL, l'enlaçant dans ses bras et la considérant dans une extase sombre

O fleur du monde !

Après un moment, il la quitte et se dirige vers les monceaux étincelants du souterrain. — Sara, pendant qu'il remue les joyaux et les objets d'or, a repris, sur les tombes, les grands colliers de diamants et s'est parée en silence.

SARA, *doucement, vers les vitraux*

Quel beau soleil !

AXEL, *revenant et tenant à la main une coupe magnifique incrustée de pierreries, regarde Sara, puis l'observant, et d'une voix douce*

Veux-tu nous promener dans la plaine, en cueillant des fleurs de ce printemps? Quelle joie de sentir le vent du matin dans nos cheveux! Viens ! nos lèvres se toucheront sur la même primevère !...

SARA, *qui a deviné la mélancolique pensée d'Axel*

Non. Je t'aime plus que la vue du soleil : nos lèvres toucheront leurs empreintes sur le bord radieux de cette coupe! — Voici mon anneau... de fiancée, aussi !

Elle ôte son anneau familial, presse le ressort de l'émeraude et répand au fond de la coupe d'Axël les quelques grains de poudre brune qui se trouvent dans le chaton d'or.

AXEL

La rosée tombe encore ; quelques-unes de ses claires larmes suffiront pour dissoudre ce poison dans ce calice sacré !

Il monte sur un sépulcre, près du soupirail ; et tandis que Sara caresse, distraitement, un lévrier de marbre, élevant sa main droite où rayonne son hanap tragique, il passe le bras au dehors, à travers les barreaux.

Ainsi, le ciel sera de complicité avec notre suicide !

Au loin, des voix, dans les forêts, chantent un chant du matin : ils écoutent.

Chœur des Bucherons, *dans l'éloignement*

En joie ! en joie !
Sus aux grands arbres dont la mort nous donne le pain !
Aux approches matinales, sous les ombrages d'or,
Bûcheron, réveilleur des oiseaux, écoute !
Le vent, les voix, les feuilles, les ailes !
Tout chante, au fond des bois :
Gloire à Dieu !

Sara

Les entends-tu ? Dieu ? disent-ils ! — Eux aussi, les tueurs de forêts !

Axel

Laisse une belle syllabe tomber en paix dans l'âme des derniers bois !

Sara, *pensive, comme à elle-même.*

J'ai tenu la hache, aussi ! mais — je n'ai pas frappé.

Dans les plaines, appels, fanfares.

UKKO, dans le lointain

Sur le versant des monts fleuris
Voici la fiancée !
La rosée, au bas de sa robe blanche,
Jette une broderie de perles ;
Salut à mon jeune amour !
— Ils se baissent devant les vierges,
Les yeux d'un enfant germain !
C'est pourquoi ses pas sonneront sur la terre.

AXEL

Ce sont des enfants qui s'épousent ! Prononce, vers eux, une parole de bonheur : quelque pensée leur venant de toi, Sara, les rendra, sans douter plus charmants encore l'un pour l'autre !

SARA, souriante, se détournant vers le soupirail

O vous, les insoucieux, qui chantez, là-bas, sur la colline... soyez bénis !

AXEL, redescendant vers elle

Les lueurs de cette lampe nuptiale pâlissent devant les rayons du jour ! Elle va s'éteindre. Nous aussi.

Élevant sa coupe :

Vieille terre, je ne bâtirai pas les palais de mes

rêves sur ton sol ingrat : je ne porterai pas de flambeau, je ne frapperai pas d'ennemis.

Puisse la race humaine, désabusée de ses vaines chimères, de ses vains désespoirs, et de tous les mensonges qui éblouissent les yeux faits pour s'éteindre — ne consentant plus au jeu de cette morne énigme, — oui, puisse-t-elle finir, en s'enfuyant indifférente, à notre exemple, sans t'adresser même un adieu.

SARA, toute étincelante de diamants, inclinant la tête sur l'épaule d'Axël et comme perdue en un ravissement mystérieux

Maintenant, puisque l'infini seul n'est pas un mensonge, enlevons-nous, oublieux des autres paroles humaines, en notre même Infini !

Axël porte à ses lèvres la coupe mortelle, — boit, — tressaille et chancelle ; Sara prend la coupe, achève de boire le reste du poison, — puis ferme les yeux. — Axël tombe ; Sara s'incline vers lui, frémit, et les voici gisant, entrelacés, sur le sable de l'allée funéraire, échangeant sur leurs lèvres le souffle suprême.

Puis, ils demeurent immobiles, inanimés.

A présent, le soleil jaunit les marbres, les statues ; le grésillement de la lampe et du flambeau se résout en fumée dans le rais lumineux qui flue obliquement du soupirail. — Une pièce d'or tombe, roule et sonne comme l'heure contre un sépulcre. — Et — troublant le silence du lieu terrible où deux êtres humains viennent ainsi de vouer eux-mêmes leurs âmes à l'exil du Ciel — on entend, du dehors, les murmures éloignés du vent dans le vaste des forêts, les vibrations d'éveil de l'espace, la houle des plaines, le bourdonnement de la Vie.

APPENDICE

Cent quatre-vingt douze pages de ce livre étaient imprimées, lorsque Villiers de l'Isle-Adam mourut. Il avait encore corrigé deux feuilles, remanié la partie d'Axël comprise entre la page 193 et la page 225, mais il ne s'était pas décidé pourtant à donner le bon à tirer aux éditeurs. Enfin les soixante-dix dernières pages ont été retrouvées telles quelles en épreuves, à peine relues, composées sur le texte autrefois inséré dans une revue, « la Jeune France ».

Il convient de spécifier maintenant qu'à diverses reprises Villiers notifia sa ferme résolution de modifier toute la fin d'Axël. A sa probité de parfait artiste, des scrupules de conscience s'ajoutaient ; il jugeait qu'au point de vue catholique, son livre n'était pas suffisamment orthodoxe, et il voulait que la croix intervînt dans la scène qui dénoue le drame.

Il était dès lors forcé de reprendre Axël en sous-œuvre. L'on peut découvrir les traces de ce travail in-

terrompu, dans ce fragment de manuscrit, retrouvé après sa mort.

Cette scène non terminée devait s'intercaler à la page 225, après cette réplique de maître Janus : « *Elle t'a donné le sourire avec lequel tu viens d'attenter à sa dignité maternelle* ».

Axël

Également, elle me donna de la pitié que m'inspire sa misère.

Maitre Janus

L'homme se mesure à ce qu'il admire. Cette race que tu traverses n'accède qu'au songer de ses grandeurs, de ses inquiétudes mystérieuses, de ses aspirations infinies, de ses hautes souffrances. Captive de l'aveugle univers ivre de la Force, la race humaine ressent la soif de justice; elle inventa la compassion, la chasteté, la clémence... peut-être même a-t-elle deviné Dieu !... Cesse de plaindre : admire. Ainsi se pressentira dans ton être une plus excellente sélection future : et ta pensée *de plus tard* ne s'assombrira pas à ce ressouvenir : *quand j'étais un homme.*

Axël, montrant le livre resté entr'ouvert

Cependant ceci n'est qu'une religion moins Dieu, réclamant une foi gratuite et robuste, en offrant moins que des incertitudes.

Maitre Janus

Nulle incertitude pour l'Homme, en dehors d'une foi dans le but qu'il se choisit. — Et quel but proposer à ta vie plus digne d'elle que d'atteindre de telles finalités !

AXËL

Mon esprit se détourne aujourd'hui de ce genre de mirages. Un ciel d'orgueil à jamais vide et à l'abandon, situé entre la prunelle et la paupière, ne suffit pas à l'envergure d'une âme assoiffée de l'immense, à mon humanité. Moi aussi, j'ai rêvé de Dieu ; vraiment, c'était plus beau. Foi pour foi, *s'il faut choisir,* il me paraît plus sage de garder une croyance natale, qui a fait ses preuves devant toutes les sagesses, dont les vieux mages, sous une étoile, adorèrent le Révélateur enfant et qui porte l'empreinte de Dieu. Cette foi court dans mes veines. Je choisis de rester chrétien.

MAITRE JANUS

Lorsque la Vérité te presse, ne te réfugie pas en une doctrine qui te condamne. Le Verbe défend l'homicide et prescrit la Pauvreté. Pour protéger des ombres de richesses, tu viens de mettre à mort ton semblable, ton prochain, que l'on t'enjoignit d'aimer comme toi-même. Ne te vante pas d'être chrétien, pour te dispenser d'être un homme.

AXËL

Je n'ai tué que pour sauvegarder ma solitude ! — C'est *depuis cet instant* que le rêve de ce trésor.....

MAITRE JANUS

Au fond de tes pensées, l'idée qu'il pouvait, un jour, t'être conféré par un sort merveilleux, que tu te proposais d'aider par certaines pratiques ténébreuses, se mêlait au désir de défendre cette solitude. Sans cela, les pores de ton être ne boiraient pas, en une absorption si soudaine, les impurs miasmes passionnels du sang versé. Ta chair d'adepte avait gagné déjà des transparences. C'est ce désir seul qui a créé le chemin de cette attirance entre ton être et ces miasmes fumants et hantés. Leurs larves prennent ce chemin vers ce qui peut les recevoir. Sans quoi, tu leur serais impénétrable. — Le fait seul qu'à travers tant d'obstacles, l'ensemble de cette aventure tentatrice se soit présenté ici — prouve que tu songeais obscurément à cet or depuis longtemps. N'oublie pas qu'il n'arrive à l'Initié que ce qu'il s'attire. Et que plus il augmente en pureté, plus des volontés néfastes s'efforcent de la troubler. En immolant un homme à propos d'une même convoitise entre lui et toi, tu as commis un acte d'imprudence des plus insalubres.....

AXËL

Pouvais-je donc le laisser partir, emportant le scandale de ce secret ?

. . . .

TABLE

	Pages.
PREMIÈRE PARTIE. — Le Monde religieux. .	3
§ 1. — ... et forcez-les d'entrer.	5
§ 2. — La renonciatrice.	41
DEUXIÈME PARTIE. — Le Monde tragique . .	57
§ 1. — Les veilleurs du souverain secret	59
§ 2. — Le récit de Herr Zacharias.	101
§ 3. — L'Exterminateur.	120
TROISIÈME PARTIE. — Le Monde occulte. . . .	199
§ 1. — Au seuil	201
§ 2. — Le renonciateur.	227
QUATRIÈME PARTIE. — Le Monde passionnel.	233
§ 1. — L'épreuve par l'or et par l'amour.	235
§ 2. — L'option suprême	282
Appendice	297